소유는 춤춘다

세상을 움직이는 소유의 역사

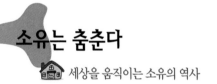

소유는 춤춘다

세상을 움직이는 소유의 역사

지은이 · 홍기빈 | 일러스트 · 김인하 | 펴낸이 · 김준성 | 펴낸곳 · 책세상 | 초판 1쇄 펴낸날 2007년 4월 5일
초판 4쇄 펴낸날 2023년 12월 15일 | 등록 1975년 5월 21일 제2017-000226호 | 주소 · 서울시 마포구 동교로23길 27, 3층 (03992)
전화 · 02-704-1251 | 팩스 · 02-719-1258 | 이메일 · editor@chaeksesang.com | 광고 · 제휴 문의 · creator@chaeksesang.com
홈페이지 · chaeksesang.com | 페이스북 · /chaeksesang | 트위터 · @chaeksesang | 인스타그램 · @chaeksesang
네이버포스트 · bkworldpub

소유는
춤춘다

세상을 움직이는 소유의 역사

홍기빈 지음 | 김인하 그림

책세상

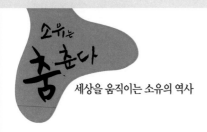

소유는 춤춘다

세상을 움직이는 소유의 역사

들어가는 말 — '소유'를 둘러싼 해묵은 싸움 9

제1장 '가지다'에서 '소유'로—수수께끼의 시작 18

1. '가지다'는 무슨 뜻일까 19

2. 소유는 철학적 개념이 아니라 사회적 제도 23
   철학적 개념으로서의 소유 23
   소유는 사회적 제도 25

3. 소유로서 갖추어야 할 몇 가지 29
   소유하는 주체 30
   소유하는 대상 32
   소유 대상을 둘러싼 다른 이들의 접근 34
   소유자, 소유 대상, 타인들을 둘러싼 사회적 조건 37

4. 소유를 둘러싼 문제는 복합적으로 따져보아야 한다 42

   베니스의 상인과 '절대적인 사적 소유'의 귀결 45

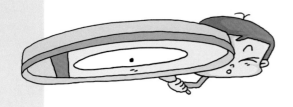

제2장 산업 혁명 이전─플라톤에서 바뵈프까지 51

1. 최초의 논쟁─플라톤과 아리스토텔레스 51
   모든 것을 공유하는 완벽한 사회를 꿈꾸다─플라톤 52
   사적 소유는 인간 사회의 필수 요소─아리스토텔레스 55

2. 17세기 영국─자본주의적 소유 개념의 탄생 59
   소유의 대상─물적 소유에서 추상적 소유로 61
   타인들과의 관계─울타리 치기 63
   사회적 조건─권리를 지키기 위한 인민의 움직임 65

3. 로크─신성불가침 자연권으로서의 사적 소유 68
   자연 상태─태초에 개인과 소유가 있었다 68
   나의 소유권의 근거는 '노동'에서 나온다 72

4. 18세기 프랑스─사적 소유의 폐지를 향해 76
   소유 제도 앞에서 평정을 잃다─루소 77
   불가능을 가능으로─프랑스 대혁명 80
   새로운 사적 소유 관념의 씨앗을 품고 84

   소유에 관하여 Of Property 87

   바뵈프주의 교리에 대한 바뵈프주의자들의 해석(1796) 90

제3장 산업 혁명 이후—마르크스에서 베블런까지 92

1. 소유 제도의 홍역, 산업 혁명 92

2. 마르크스—부르주아적 소유와 임노동자 98
   인간 존재의 핵심이자 생명의 정수—노동 100
   마르크스 사상의 꽃—생산 수단의 사적 소유에서 역사적 유물론으로 105
   부르주아적 소유, 어떻게 해결할 것인가 107

3. 베블런과 부재 소유자들 110
   2차 산업 혁명과 날강도 귀족 110
   20세기 초의 미국—독점 자본주의의 주라기 공원 111
   부재 소유—시대착오적인 소유 관념의 결과 117

   베블런의 부재 소유제 123

제4장 거대 기업이 등장한 20세기, 소유 제도는 어떻게 바뀌었을까 129

1. 20세기 산업 기술의 조건과 환경 변화 132
   20세기의 세계 불가사의─중화학 공업으로의 전환 132
   거대한 공장이 된 지구 136

2. 레너─법적 개념과 사회적 기능의 분리 137

3. 소유 따로, 경영 따로─미국 대기업들의 소유와 경영의 분리 140

4. 일본 파시즘의 핵심 세력, 혁신 관료들의 민유국영론 143
   파시즘 정권의 수립과 혁신 관료의 탄생 144
   소유 제도에 대한 반감의 분출─민유국영론 146

5. 스웨덴의 기능적 사회주의 149
   step-by-step, 양파 껍질 벗겨내듯 150

   오쿠무라 기와오의 〈변혁기 일본의 정치 경제〉 154
   칼손의 〈기능적 사회주의론〉 156

나가는 말─21세기, 새롭고도 해묵은 상황 전개 160

더 읽어볼 만한 책 169

'소유'를 둘러싼 해묵은 싸움

인간이 6,000년 안팎의 기록된 역사 기간 동안 벌여온 끊임없
는 논쟁 가운데 '소유'만큼 화끈한 싸움의 빌미가 된 주제도 없을
것이다.

이 정도 크기와 규모를 가진 주제들은 물론 많다. 그런데 '국
가'니 '가족'이니 '학교'니 하는 주제들과 달리 이 소유라는 주제
는 누가 꺼내는 순간 바로 긴장이 감돌기 시작한다. 모두 머릿속
으로 자신이 이에 대해 찬성의 입장이었는가 반대의 입장이었는
가를 재빨리 상기한다. 그러고는 곧 벌어질 논쟁에서 밀리는 일이
없도록 발톱을 가다듬고 목덜미의 털을 꼿꼿이 세운다. 찬성도 반
대도 하기 힘든 사람들은 혹시나 싸움의 불똥이 자기에게 튀지 않
을까 전전긍긍하며 눈치를 본다.

이렇게 꺼내는 즉시 싸움으로 이어지는 긴장감 면에서 소유와
대적이 될 만한 것은 '신(神)의 존재'를 놓고 벌어지는 유신론자

이러한 논쟁은 때로는 개인과 집단 간의 폭력과 살상으로까지 이어졌다.

와 무신론자 들의 해묵은 싸움 정도가 아닐까. 하지만 후자가 오늘날에는 당사자들은 몰라도 구경꾼들로서는 이래도 그만 저래도 그만인 심드렁한 싸움으로 변한 반면, '소유' 제도를 놓고 벌어지는 싸움은 21세기에도 여전히 주변 사람들이 손에 땀을 쥘 뿐만 아니라 자칫 칼부림으로까지 이어질 위험이 있는 주제로 남아 있다.

어떤 이들은 이 '소유'야말로 신이 창조한 자연의 조화와 질서가 어떻게 인간 사회에 반영되는가를 전형적으로 보여주는 제도라고 본다. 당신이 신을 믿든 믿지 않든 상관없다. 아니 심지어 신이 꼭 있어야 할 필요도 없다. 어차피 신이란 우리가 죽거나 환각 상태에 빠지기 전에는 만날 일이 없는 존재지만 소유란 각자의 통장에 선명하게 찍힌 숫자처럼 떡 버티고 있는 최고의 실재가 아닌가. 이것이 존중받고 그것을 추구할 권리가 최대한으로 보장될 때 비로소 개인의 행복뿐 아니라 사회 전체의 행복이 달성되는 것이다. 신의 존재 여부가 상관없는 정도가 아니다. 만약 이 제도의 정당성을 보강하는 데 필요하다면, 없는 신도 새로이 발명되어야 할 판이다. 그러니 국가는 물론이고 법을 비롯한 온갖 여타의 사회 제도는 말할 것도 없다. 그 어떤 제도도 언감생심 이 '소유'의 신성함을 넘볼 생각은 꿈에도 말아야 하며, 오히려 소유권의 확립과 번성이라는 원칙에 따라 철저하게 재구성·재배치되어야 할 것이다.

반면 어떤 이들은 이렇게 이야기한다. 인간은 몇 천 년밖에 되지 않는 역사 속에서 별의별 사악한 것들을 발명했지만, '소유'라는 제도만큼 끊임없이 문제를 일으키는 골칫덩이는 없다. 물론 '전쟁'이니 '고문'이니 하는 것들도 그 점에서는 소유의 경쟁자가

되겠지만, 따져보면 전쟁이나 고문은 모두 가진 자들이 자신의
'소유'를 지키려고 요리조리 몸부림치는 가운데서 힘없고 가진
것 없는 자들이 고통을 뒤집어쓰는 과정에 지나지 않는다. 따라서
소유라는 제도만 없어지면 다른 극악한 제도들도 사라질 것이며,
그보다 덜 끔찍한 제도들은 말할 것도 없다. 인간은 원래 소유도
억압도 없이 태어난 존재로, 그렇게 자유로이 살다가 어느 청명한
날 저녁노을을 향해 사라져가는 존재다. 그렇게 행복하던 자연의
질서를 되찾기 위해 가장 먼저 없어져야 할 것은 바로 '소유'다.
그러니 가지지 못한 자들은 일제히 일어나 손에 총과 낫과 죽창을
들고 가진 자들의 기름진 배를 째거나 갈라야 한다. 그리고 국가
와 법과 제도는 모두 소유 폐지의 원칙에 맞추어 그리고 소유자들
을 공격할 무산자들의 권리를 보장한다는 원칙에 맞게 바뀌어야

하리라.

써놓고 보니 머리카락이 솔잎처럼 쭈뼛쭈뼛 곤두선다. 이렇게 험악한 기세니 싸움이 나지 않을 도리가 없다. 게다가 그 싸움이 어디 점잖게 끝나겠는가. 한쪽은 '신과 질서의 이름으로', 다른 쪽은 '수십억 무산 계급의 이름으로' 상대방의 송장을 치울 때까지 이 싸움은 계속될 것이다.

그런데 송장이 아무리 나와도 이 싸움은 끝날 것 같지가 않다. 어느 한쪽이 다른 쪽을 물리치는 데 성공한다 해도 만족감은 잠시, 그 안에서 다시 패가 갈려 똑같은 줄거리의 싸움을 반복하는 것을 역사가 증명하고 있지 않은가. 온갖 사회적 갈등과 반목에 질려버린 유럽 사람들 일부는 그러한 갈등과 반목은 모두가 '소유자'인 사회를 세운다면 없어지리라 믿고 바다 건너 다른 대륙으로 건너가 나라를 세웠다. 그리고 100년도 되지 않아 그 나라는 가진 자와 못 가진 자가 가장 험악하게 충돌하는 나라의 하나가 되고 말았다.

반대로, 바다 반대쪽의 다른 대륙의 어느 나라에서는 1917년에 혁명이 벌어졌다. 혁명 세력은 황제와 귀족들은 물론 은행가, 공장주, 급기야 시시한 동네 지주 들까지 모조리 때려잡아 '소유'를 거의 말소해버렸음을 안팎으로 인정받기에 이르렀다. 그리고 반 세기도 채 되지 않아 '가진 자와 못 가진 자로 갈라진 국가 자본주의 사회'라는 진단을 또한 안팎으로 받게 되었다.

여기서 엉뚱한 질문을 하나 던져보고자 한다. 이 싸움을 주도했거나 싸움에 참여했거나 아니면 그냥 싸움에 휘말린 사람들까지

전자는 미국 혁명, 후자는 러시아 혁명을 말한다. 미국 독립과 건국에 가장 큰 영향을 미친 사상가로 로크를 드는 데 반대할 이는 없을 것이다. 2장에서 보겠지만, 로크의 책을 읽은 사람들이 이상으로 꿈꾼 세상은 귀족이나 특권 세력의 독점과 횡포에서 풀려나 모두가 스스로 일할 수 있는 토지와 재산을 가지고 그것을 자신의 자유에 대한 물질적 근거로 삼는 나라였다. 이는 미국의 건국자들, 특히 토머스 제퍼슨 같은 이들이 꿈꾼 모습과 크게 다르지 않다.

포함해서, 그들 가운데 이 싸움의 핵심이 된 '소유'라는 것의 정체를 정확하게 아는 사람이 얼마나 되었을까. 혹시 그다지 많지 않았던 건 아닐까. 아니면 설마 아무도 없었던 것은?

중국 전래 민담에 이런 이야기가 있다.

어떤 마을에 거의 소경이 되도록 시력을 잃은 노인 세 명이 있었다. 이 셋이 모이면 항상 누구 눈이 가장 밝은가를 놓고 싸움이 끊이지 않았다. 어느 날 그들은 언덕 위 정자에 올라 멀리 보이는 커다란 사원의 현판에 적힌 글을 누가 가장 제대로 읽는가를 두고 시합을 벌이기로 했다. 그리고 시합 전날, 걱정이 된 세 노인은 몰래 사원으로 가서 현판에 적힌 글씨를 확인했다. 그런데 모두 차이가 있었다. 첫째 노인은 큰 글자 네 자만 읽어 갔고, 둘째 노인은 그 아래에 적힌 작은 글자 네 자도 읽어 갔으며, 셋째 노인은 단청의 색깔까지 조사해갔다.

다음 날 시합장에서 그들은 순서대로 의기양양하게 자신들이 조사해간 지식을 털어놓으며 '시력'을 과시했다. 물론 지식의 양으로 보면 셋째 노인에게 상이 돌아가야겠지만 원래 '눈에 뵈는 게 없는 상황'이니 나머지 두 노인이 가만히 있을 리 없었고 길고 긴 실랑이가 계속되었다. 결국 지나가는 행인을 불러 세워 누가 제일 정확하게 읽었는지 심사를 맡기기로 했다. 행인에게 묻자, "현판이오? 오늘 아침에 단청을 새로 입히려고 떼어버렸는뎁쇼"라고 답했다.

이 허탈하고 썰렁한 농담 같은 상황은 실제 세계에서도 똑같이

벌어져 사람을 허탈하게 만들기 일쑤다. 인간 사회에서 벌어지는 논쟁이라는 것은, 핏발을 올리고 악을 쓰는 논쟁가들이 자신들이 반대하거나 옹호하려는 것이 무엇인지 잘 모르는 경우가 허다하다. 시간이 지나 뜨거웠던 논쟁을 돌이켜보면 도대체 무얼 가지고 그렇게 싸웠는지 종잡을 수 없고, 정면에서 "도대체 무얼 갖고 그렇게 싸웠는가?"라고 캐물어도 딴청을 피우는 등의 진풍경이 벌어진다. 그래도 여기까지라면 그냥 인간 세상에서 벌어지게 마련인 부조리극이나 블랙 코미디일 수 있다. 문제는 때로 이 싸움에 숱한 인간들이 휘말려서 등가죽 일부나 손과 발, 때로는 목숨까지 잃는 일이 생긴다는 데 있다. 싸우는 양쪽 대장들조차 무엇을 위해 싸우는지 정확하게 알지 못하는 가운데 벌어지는 싸움에서 그렇게 숱한 송장을 치우는 상황인데도 그것을 부조리극이나 블랙 코미디 정도로 넘길 수 있을까?

거기에 휩쓸려 희생된 사람들의 숫자와 고통의 크기를 생각한다면 이러한 사태를 차마 코미디라고 부를 수 없을 것이다. 하지만 역사는 간혹 이렇게 수백만 명이 동원되어 실제로 죽임을 당하는 잔인한 희극을 연출하는 것이 사실이다. 물론 그 싸움에 참여한 사람들 중 상당수는 자신이 믿고 있던 혹은 저주하던 '소유'라는 것이 무엇인지에 대해 명확한 답을 가지고 있었기에 그렇게 맹렬히 싸울 수 있었을 것이다. 그런데 그렇지도 않으면서 그저 싸움에 부화뇌동한 지식인들이나 민초들은 과연 없었는가? 가까운 과거인 지난 1950년대 초의 몇 년간 우리가 서로 수백만의 형제자매를 죽인 이유는 사실 '사적 소유를 없애자'는 이들과 '사적 소유를 수호하자'는 이들의 갈등이라 할 수 있다. 그렇다면 거기서 죽어갔던 수백만의 사람들은 모두 자본주의와 공산주의에 대한 불타는 신념으로 각각 장렬하게 산화해간 것이었을까?

이 책이 다루려는 질문은 이러한 의문에서 시작한다. 이 책은 소유 제도에 대한 지난 몇 천 년간——주로 로크John Locke 이후의 몇 백 년간——의 논쟁과 공박을 소개하는 것이 일차적 목표다. 하지만 이 목적은 이만큼의 두께로는 결코 달성할 수 없음을 여러분 중 몇몇은 눈치 챘을 것이다. 따라서 이 커다란 목표는 좀 더 구체적인 좁은 질문으로 한정할 필요가 있는데, 그 질문은 지금껏 별로 다뤄진 적 없는 것으로서 다음과 같다. '소유 제도는 고정된 것으로 정의할 수 있는가? 혹시 시대와 상황과 관계에 따라 계속 그 내용과 의미가 변해가는 것 아닐까?' 이것은 다음의 질문으로 이어진다. '그렇게 계속 변해가는 소유 제도를 놓고, 사적 소유냐 공적 소유냐 하는 동일한 논쟁 구도로 몇 백 년 아니 몇 천 년간 똑같은 논쟁을 벌여왔다면 혹시 그 논쟁 구도 전체가 잘못된 것은 아닐까?'

요컨대 아침에 현판을 떼어내서 단청을 칠했다가, 걸어놓고 보니 글자가 뭔가 이상하기에 글자도 바꾸었다가, 또다시 걸어보니 왠지 여기 걸릴 현판이 아닌 것 같아서 대웅전 말고 칠성각으로 옮겨 달았는데, 하필 그날 불이 나는 바람에 다 타서 잿더미가 되어버린 현판을 놓고 온갖 사자성어와 설문해자를 동원해가며 머리 아프게 논쟁한 노인들 꼴인 것은 아닐까.

변죽은 그만 울리고 이제 본격적인 이야기로 들어가야겠다. 이 알쏭달쏭한 소유에 대한 문제 제기를 차근차근 설명하기 위해 이 책은 다음과 같은 순서로 구성되었다. 먼저 1장에서는 소유라는 말의 뜻이 얼마나 모호하며 그 모호함이 어째서 생겨나는가를 살핌으로써 시시각각 변해가는 소유 제도를 어떻게 포착할 것인가에 대한 이론적 틀을 제시할 것이다. 2장에서는 2,000년 전의 플라톤Platon부터 200년 전의 프랑스 혁명까지 전개된 소유 제도에 대한 논의의 틀을 살펴본다. 3장에서는 산업 혁명이라는 계기로 말미암아 19세기 들어 실제 소유 제도의 의미가 얼마나 극적으로 바뀌었으며, 그에 따라 이것을 정당화하고 비판하는 논리들도 얼마나 비약적으로 발전 및 변화했는가를 살펴볼 것이다. 마지막 4장에서는 그러한 비약적 변화가 20세기 들어 또다시 더욱 극적인 반전을 이루면서 실제의 소유 제도도 그것에 대한 논의 구도도 거의 상전벽해(桑田碧海)로 바뀌어가는 것을 살펴본다.

이제부터 롤러코스터처럼 구불구불 이어지는, 스릴 있고 굴곡 많은 이야기가 시작되려 한다. 한 가지 당부할 말은, 이 질문을 놓치지 말라는 것이다. "과연 이렇게 복잡하고 변화무쌍한 소유 제도를 '공적 소유냐 사적 소유냐'는 단순무지한 논의 구도로 생각하는 것이 의미가 있을까?" 일단 이야기를 풀어보고, 결론에서 다시 만나 이야기해보기로 하자.

'가지다'에서 '소유'로
─수수께끼의 시작

    무엇을 가진다는 것은 어떤 의미일까? 어렵게 생각할 것 없이 '내 것'과 '네 것'이라는 말을 떠올려보자. 사실 내 것 그리고 네 것처럼 의미가 명확해 보이는 말도 없다. 그것은 기억도 가물가물한 꼬맹이 시절, 함께 놀던 아이들과 온몸으로 부딪치며 익힌 바다. "이건 내 거야", "아니야, 내 거야", "왜 내 거 막 건드려" 등의 원초적인 사회적 투쟁이야말로 그 시절 우리가 주먹질과 발길질로 시작해 땀과 눈물, 때때로 코피까지 쏟게 되는 시작이 아니었던가. 나만 해도 옆집 형의 주먹을 통해, 또 누나의 고자질에 가동된 아버지의 회초리를 통해 내 것과 네 것이 어떤 의미며 그것을 무시했을 때 어떤 대가가 돌아오는지 깨달았더랬다.

    그런데 그토록 단순명쾌해 보이는 내 것과 네 것이라는 말은 그것을 '소유'라는 추상 명사로 바꾸어놓는 순간 갑자기 알쏭달쏭한 것으로 변한다. 도대체 소유란 무엇인가. 지금부터 소유, 즉

'가지다'라는 말의 뜻을 구체적으로 살펴보자.

1. '가지다'는 무슨 뜻일까

'가지다'는 조금 구체적으로 표현하면 '가지는 것'이라고 할 수 있겠다. 그렇다면 구체적으로 무엇을 어떻게 하는 것이 '가지는 것'일까. 누구에게 물어봐야 가장 정확한 답을 얻을 수 있을 것인가. 대학 교수, 철학자, 법학자? 어렵게 생각할 것 없이 가까이 있는 어머니에게 물어보자. 때로는 이론보다 다양한 체험에서 더 풍부한 답이 나오는 법이다. 부모님이 들려줄 법한 가지다의 예는 아마 이런 종류들일 것이다.

— 나는 이 땅을 가지고 있다. 이 땅은 내 것이다.

— 나는 저 여자(남자)를 가지고 있다. 그녀(그)는 내 아내/여자
친구(남편/남자친구)다.

— 나는 내 입속에 넣은 밥을 가지고 있다. 이 밥은 내 것이다.

— 나는 밀가루 한 포대를 가지고 있다. 이 밀가루는 내 것이다.

— 나는 내가 발명한 기계의 특허권을 가지고 있다. 그 기계의 특
허권은 내 것이다.

— 나는 사냥총을 가지고 있다. 이 총은 내 것이다.

모든 사람이 별로 시비를 걸지 않을——여자(남자)의 예만 빼
면——가지다의 예들이다. 하지만 이 각각의 상황에서 구체적으
로 무엇을 어떻게 하는 것인가는 그 내용이 서로 다른 사회적 활
동들이다.

'땅'을 가진다는 것은 그 땅에 농사를 짓거나 건물을 세울 수
있다는 의미를 넘어, 그 땅에 누가 멋대로 들어와서 지나간다든가
심지어 함부로 길이나 다리를 놓으려 한다든가 하는 것을 막을 수
있다는 의미도 된다. '여자(남자)'를 가지고 있다는 뜻은 또 다르
다. 이는 그 사회에서 연인(부부) 사이에서만 벌어진다고 여겨지
는 행동——요컨대 함께 '아기를 낳는다'든가——을 자신 이외
의 다른 사람과 하지 못하게 할 권리를 기초로 하여, 거기에서 파
생되는 여러 가지 권리, 이를테면 배우자의 재산 일부에 대한 주
장 등을 자신이 누린다는 뜻이 될 것이다. '입속의 밥'을 가진다
는 것은 사실 거의 의미가 없다. 내가 씹고 또 씹어 이미 입속에서

곤죽이 된 그것을 누가 가져가겠다고 하겠는가.

한편 '밀가루'를 가진다는 것은 그 밀가루로 빵을 굽든 국수를 말든 아니면 불에 태워 땔감으로 쓰든 내 마음대로 처리할 수 있다는 뜻이다. 이는 땅의 경우보다 내가 어떻게 할 수 있는 범위가 훨씬 넓다. 땅이라는 것은 항상 옆의 땅주인, 나아가 나라 전체의 이해와 상충되지 않는 방식으로 써야 한다(예를 들어 서울의 주요한 물 공급지인 팔당댐 근처에 땅을 갖고 있다면 그곳에 '독극물 칵테일 파티장' 따위를 열 수는 없는 일이다)는 조건이 항상 따라붙지만 밀가루의 경우는 거의 무제한의 자유가 허용된다. '사냥총'의 경우는 밀가루와 거의 반대라 할 수 있다. 내 사냥총이라고 해서 아무 데서나 아무에게나 쏘아댈 수는 없기 때문이다. 정해진 장소, 정해진 계절, 정해진 대상이 아니라면 비록 내 총이라 해도 함부로 총을 쓸 수 없다. 마지막으로 기계의 '특허권'은 예컨대 자신이 발명한 것과 똑같은 기계를 남이 흉내 내어 만들지 못하게 금지할 권리로, 추상적이고 무형적인 권력을 뜻하므로 다른 예들과 달리 구체적인 '물건'에 대한 사용과는 아무 관련이 없다.

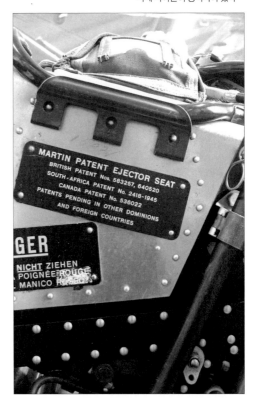

미국의 군수 회사인 록히드마틴에서 개발된 조종사 탈출 좌석에 특허권이 명시되어 있다

　집안 꾸리는 것으로 일생을 보내는 우리의 어머니들은 추상적이고 철학적인 논설을 즐기는 '그리스인' 보다는 파 한 단 값이나 식은 밥 처리 등과 같은 현실적인 문제들에 관심이 많은 '로마인'에 가깝다. 따라서 어머니가 가지다의 예로 든 상황들은 로마인들의 산문처럼 평이하고 실용적인 것들이다. 그런데도 방금 살펴보았듯이 그 상황들을 하나하나 따지고 들어가면 도대체 이 많은 상황들을 관통하는 공통점이 무엇일까 의문스러워질 만큼 가지다의 구체적 내용은 상이하기 짝이 없다. 그뿐인가. 말의 뜻과 다양한 쓰임은 문법과도 밀접한 관련이 있다. 가지다나 have 같은 동사에서 파생된 숱한 용법과 용례들('좋은 시간을 가졌다' 또는 'I have nothing to do with your problems' 같은)까지 고려하기 시작하면 이 말의 뜻은 완전히 오리무중이 되고 만다.

뭐가 이렇게 복잡한가? 소유에 대한 흥미로운 논쟁들을 본격적으로 살펴보기도 전에 지칠 판이다. 이렇게 단어 하나로 복잡하게 이야기를 끌어갈 것이 아니라 바로 본론으로 들어가면 안 될까? 하지만 어떤 대상에 대해 제대로 이야기하려면 먼저 그 대상의 개념을 정확히 알아야 하는 법이다. 가지다, 즉 소유의 구체적인 뜻이 모호한 채로 소유가 좋다느니 나쁘다느니, 모든 것을 사적 소유로 하자느니 공적 소유로 하자느니 하며 논쟁을 벌인다고 생각해보라. 구경꾼들은 물론이고 논쟁의 당사자들조차 엉뚱하게 그릇된 결론을 내리게 되지 않겠는가.

2. 소유는 철학적 개념이 아니라 사회적 제도

철학적 개념으로서의 소유

그런데 해결책이 없는 것은 아니다. 위에서 본 가지다의 다양한 상황과 용례들을 관통하는 한 줄기 관념이 분명히 있으니, 그것은 '내 의사를 관철한다, 즉 내 마음대로 한다' 라는 생각이다. 위 예들에서 소유의 대상을 내 것이라고 선언하는 이는 그 대상의 존재와 쓰임새에 있어 어떤 형태로건 자신의 의지와 생각을 관철할 수 있다. 소유란 바로 그렇게 할 수 있는 권리를 말한다.

그러니까 소유니 가지다니 하는 말들의 뜻을 알기 위해 이런저

소유를 표현하는 말은 언어권마다 다른데, 이를 살펴보면 흥미로운 점을 발견할 수 있다. 우리말이나 일본어에서는 '(~에게) 있다(有る(ある))'로, 유럽에서는 '(~가 ~을) 가지고 있다'(영어의 have나 독일어의 haben 같은 타동사로 표현하는데, 이는 전혀 다른 사고방식의 발현처럼 보인다. 전자는 소유자와 소유 대상의 관계를 표현함에 있어 소유자를 소유 대상물의 '존재'의 준거점으로 삼는 사고방식이고 후자는 소유 대상을 소유자의 동작과 행동의 대상으로 삼는 사고방식으로 보이기 때문이다. 그런데 유럽어도 고대로 거슬러 올라가면 원래는 우리말과 비슷하게 표현했다고 한다. 즉 소유 대상을 주어로 쓰고 소유자를 3격dative으로 써서 이를테면 '나에게 책이 있다(라틴어로 est mihi liber, 영어로 there is to me a book)'는 식이었다는 것이다.

런 구체적인 상황들을 뒤지고 서로 비교해봤자 갈수록 알쏭달쏭해질 뿐이다. 그 말들의 진정한 의미를 찾아내려면 자잘한 일상들로 가득 찬 흙투성이의 구체적인 현실로 시야를 좁히는 대신, '인간과 그를 둘러싼 세계, 그리고 모순으로 가득 찬 그 둘 사이의 관계에서 인간이 어떻게 자신의 의지와 의사를 그의 외부 세계에 실현할 것인가'라는 좀 더 심오하고 추상적인 철학과 사변의 수준에서 시작해야 한다. 만약 소유를 '소유자의 의사와 의지를 그 대상에 마음껏 관철할 수 있는 권리'라고 정의해본다면, 위에서 든 용례뿐 아니라 그 어떤 다양하고 변칙적으로 보이는 예라 할지라도 일관된 공통점을 찾아낼 수 있다.

사실 소유라는 개념의 의미가 지나치게 다양하고 모호하다는 이유로 비판하는 것은 좀 부당한 데가 있다. 우리가 쓰는 개념 가운데 이런 식으로 따졌을 때 문제가 되는 것은 소유만이 아니다. 예를 들어 '자유'라는 말을 생각해보자. 자유는 때로는 3교시가 시작될 무렵 학교 담장을 넘어 '땡땡이'를 치는 것일 수도 있고 그 욕망을 꾹 누르고 수업을 받는 것일 수도 있다. 카사노바나 돈 후안처럼 무한한 성적 편력을 찾아나가는 것이 자유일 수도, 성직자들처럼 성적 쾌락의 권리를 스스로 반납해버리는 삶을 사는 것이 자유일 수도 있다. 투옥과 고문을 무릅쓰는 혁명가도, 주식 거래소에서 악다구니를 하다가 목이 쉬어버린 증권 거래인도, 목숨 걸고 에베레스트를 오르는 등산가도, 몇 개월씩 토굴에 갇혀 명상을 계속하는 선승(禪僧)도 모두 자신의 목적은 더 많은 자유를 얻는 데 있다고 답할 것이다.

카사노바는 18세기에 실재한 인물로, 다양한 인생 편력을 담은 《회상록 Histoire de ma vie》으로 유명하다. 돈 후안은 이야기 속의 인물로, 끝없이 감각적인 삶을 추구했다고 해서 키르케고르 같은 철학자는 아예 그를 '미학적 실존' 단계에 있는 인물의 표상으로 보았다.

조반니 자코모 카사노바(1725~1798)

이렇게 구체적인 내용이 서로 모순될 만큼 어긋난다고 해서 자유라는 개념을 쓰지 말자든가 의미가 없다고 말할 수 있는가? 오히려 이처럼 다양하고 복잡한 경우들을 총괄해 그 속을 관통하는 하나의 추상적인 관념에 이름을 부여하는 것이 바로 인간의 언어, 그 중에서도 철학적 개념의 임무라 할 수 있다. 우리는 철학적 개념을 통하지 않고서는 그 다양한 경우들의 의미에 대해 명료한 사고를 펼 수 없다. 요컨대 소유니 가진다니 하는 말은 자유라는 말과 마찬가지로 추상적이고 보편적인 개념으로, '소유자의 의사를 관철한다'는 추상적 의미로 정의할 수 있다. 따라서 현실에서 벌어지는 오만가지 다양한 경우들을 시시콜콜 따지고 들어가서 그 말의 뜻을 이해하려 하는 것은 무의미한 짓이며, 그것에 근거해서 이 말을 쓰지 말자든가라는 식으로 비판하는 것은 더욱 무지한 짓이다.

소유 개념과 마찬가지로 자유에 대해서도 그 다양한 예를 관통하는 공통의 추상적 관념을 정의할 수 있을 것이다. 하지만 이는 홉스나 헤겔 같은 일급의 사상가들이 역사적으로 첨예하게 논쟁을 벌여온 문제로, 충분히 논의하려면 책 한 권으로도 부족하다. 여기에서는 그저 소유 개념이 자유 개념과 매우 밀접하다는 점을 상기하고자 한다. 개인의 소유권의 신성함을 주장하는 이들은 거의 예외 없이 자유와 소유 개념의 연관성을 자신들의 주장을 뒷받침하는 근거로 사용한다. 소유권이 전제되지 않는다면 자유가 공허한 선언에 불과해진다는 것인데, 다시 말해 개인의 자유가 보장되는 사회라면 그 개인이 자신의 소유물을 마음대로 할 수 있는 사적 소유권 역시 반드시 보장되어야 한다는 논리다.

소유는 사회적 제도

그런데 이러한 주장에는 커다란 맹점이 도사리고 있다. 현실에서 벌어지는 일들을 좀 더 깊이 있고 정확하게 이해하기 위해, 현실에서 한 걸음 물러나 그 현실에는 존재하지 않지만 현실의 여러 경우들을 포괄할 수 있는 추상적 개념을 만들어서 논의한다는 것은 분명히 의미 있는 일이다. 그런데 이 추상적 개념이 '추상적' 차원에 머물지 않고 현실의 영역으로 넘어와 오히려 현실에서 벌어지는 일들을 통제하고 구속하는 강제력을 갖춘 제도로 변한다면?

예를 들어 혁명가, 자본가, 호색한, 금욕주의자, 모험가, 구도자

등이 함께 얽혀드는 이 요지경의 인간 세계의 심오한 의미를 이해하기 위해 '인간이 추구하는 자유란 무엇인가'라는 질문을 놓고 철학적 사색을 전개하는 것은 분명히 소중한 일이며, 이 질문은 몇 천 년간 철학자와 문인 사이에 끝없는 논쟁을 일으킨 것이기도 하다. 그런데 그 논의가 철학적 차원에 머무르지 않고 자유에 대한 하나의 정의를 '법적 진리'로 고정해 모든 이에게 강제하는 사회적 제도가 된다고 해보자. 그래서 자유의 이름 아래 테레사 수녀가 카사노바 같은 삶을, 또는 카사노바가 테레사 수녀 같은 삶을 살아야 한다면? 혁명가와 증권 거래인, 체육인과 명상가 들이 모두 서로 반대의 삶을 살도록 강요된다면?

이런 일이 소유라는 말에 벌어진다고 상상해보라. 소유라는 말이 그저 추상적으로 '가진 사람의 의사를 관철한다'는 차원에 머무르지 않고, 위의 다양한 가지다의 상황 가운데 어느 하나의 의미로 고정되어 그것이 모든 소유에 일괄적으로 적용되는 사회적 제도로 변한다면 어떻게 될까? 이는 지독한 혼란을 넘어 사회적 참극으로 이어질 것이다. 예컨대 '밀가루'의 경우처럼 그 소유 대상을 마음껏 사용할 수 있다는 의미가 아내(남편)를 '가지는' 경우에까지 적용된다면? 남편은 자기 '소유'인 아내의 정신과 육체 모두를 마치 '내 밀가루를 처분하듯' 임의로 부리려 들 것이다. 그래서 아내에게 물리적 폭력과 성적 학대 및 착취를 일삼아 가할 수도 있을 것이다. 우리 옛 속담에도 "북어와 마누라는 사흘에 한 번씩 두들겨 패야 맛이 난다"는 끔찍한 말이 있지 않은가. 이를 누가 제지하려 들면 남편은 틀림없이 "내 계집을 내 마음대로 하는데 어떤 놈이 나서는가"라고 되레 당당하게 고함을 지를 것이다. 또한 '공기총'의 경우처럼 모든 소유 대상의 사용은 사전에 정해진 법적 규정과 절차를 따라서만 행해져야 한다는 원칙이 '내 입속의 밥'에도 적용된다고 해보자. 그 외에도 수많은 사례들에 이런 규칙이 적용되었을 때 벌어질 사태에 대해서는 여러분 스스로 생각해보기 바란다.

따라서 자유건 소유건 그저 세계를 더 깊이 있게 이해하기 위한 철학적 개념으로만 쓰인다면 몰라도 현실 세계를 규정하고 구속해 들어오는 법적·제도적 장치로서 우리 일상에 들어온다면 결코 추상적인 정의에 머물러서는 안 된다. 그 말을 통해 포괄되는

《구약 성서》에는 팔레스타인 토착민들의 우상인 바알Ba'al이라는 남성 신이 나온다. '바알'이란 '나의 주인my lord'이라는 뜻으로, 아내를 물리적 그리고 성적으로 착취할 수 있는 남편의 권력을 암시한다.

현실의 모든 다양한 구체적 경우와 사례를 합리적으로 구별하고 분류하여 각각의 경우에 대해 합리적으로 적용될 수 있어야 한다. 따라서 소유란 '소유자의 뜻을 소유 대상에 관철할 권리'라는 추상적 정의에 머문 채로는 현실의 법적 제도로서 의미를 가질 수 없다. 그리고 이렇게 추상적 차원에서 정의된 상태에서 이 소유라는 말을 놓고 옳다 그르다 논쟁하는 것도 현실과는 동떨어진 철학적 논쟁 이상이 될 수 없다.

그런데 글의 서두에서 이야기한, 소유라는 말을 놓고 몇 천 년간 벌어진 싸움과 소동이 이렇게 추상적인 개념을 두고 벌어진 고상한 '철학적 논쟁'이었는가? 결코 아니다. 오히려 소유라는 일반적 개념을 놓고 논쟁을 벌인 것은 철학자들이었으며 그것도 아주 최근에 와서야 본격적으로 벌어진 것이다. 실제로 눈을 부라리며 싸움을 벌인 당사자들은 항상 아주 구체적이고 현실적인 '제도'를 놓고 싸웠다. 어느 한쪽이 다른 한쪽으로서는 도저히 이해할 수 없는 대상을 도저히 이해할 수 없는 방식으로 자신들의 소유라고 고정해버리려 든 것이 싸움의 근원이었던 것이다. 따라서 이렇게 끊임없이 벌어지는 분쟁 속에서 무언가 합리적인 해결의 실마리를 찾아내려면, 소유라는 말이 현실의 구체적인 '사회적 제도'라는 점을 명심하는 동시에 그 제도에 담기게 될 다양한 종류와 다양한 방면의 경우와 사례들을 제대로 다룰 수 있는 연구와 생각의 방법을 찾아야만 한다.

3. 소유로서 갖추어야 할 몇 가지

그렇다면 이 소유라는 말을 복잡하고 다양한 현실에서 나타나는 여러 사례를 담아낼 수 있게 쓰려면 어떻게 해야 할까? 이렇게 해보면 어떨까. 소유라는 사건을 그것을 구성하는 여러 요소들로 나누어보고, 각각의 요소들의 차원에서 어떤 다양한 가능성이 생겨날 수 있는가를 따져보는 것이다. 만약 앞에서 말한 대로 '소유자가 자신의 의사를 소유 대상에 관철할 수 있는 권리'라는 추상적인 소유의 정의를 잠정적으로 받아들인다면, 이 명제에는 몇 가지 구성 요소가 들어 있음을 알 수 있다. 먼저 '소유자'와 '소유 대상'이라는 두 가지 구성 요소는 쉽게 찾아낼 수 있다. 그리고 '자신의 의사를 관철할 수 있는 권리'라는 말을 조금 생각해보면 이는 사람 손이 닿지 않은 황무지나 화성이 아닌 '사회적 관계'에서 벌어지는 상황이라는 것도 알 수 있다. 즉 자신의 의사를 좌절시킬 '누군가'가 있을지 모른다는 것을 은근히 전제하는 것이다. 게다가 이 '권리'라는 말은 소유자가 그 누군가를 견제하는 방법으로 무력이나 흥정과 같은 일대일의 방법이 아닌 법정이나 경찰과 같은 사회적 제도를 이용한다는 것을 마찬가지로 전제하고 있음을 알 수 있다.

조금 머리가 아파온다. 그렇다면 이쯤에서 다음의 네 가지 요소를 추려내어 각각의 구체적인 경우들을 보면서 이야기를 풀어나가자.

소유하는 주체

소유 대상에 자신의 의사를 관철할 주체는 누구인가. 이는 크게 개인과 집단으로 나눌 수 있다. 전자를 사적 소유private property라고 하며, 오늘날 소유라는 말을 쓸 때는 대개 암묵적으로 이 사적 소유를 일컫는 경우가 많다. 즉 소유권이 어느 한 사람의 개인에게 귀속되고, 그 개인은 자신의 의지와 의사를 오롯이 소유 대상에 관철할 수 있게 되는 경우다. 내 집을 팔든가 세를 놓든가 아니면 거기서 내가 살든가는 다른 누구도 아닌 소유권자인 나의 마음과 뜻에 달려 있다.

현대 자본주의 사회를 살아가는 우리는 이 사적 소유를 보편적인 소유 형태로, 집단적 소유를 지금은 무너진 공산주의 국가나 20세기 후반을 풍미한 국가 소유의 공기업 같은 경우로 생각하기 쉽다. 그런데 소유권자가 개인이라 생각하는 경우도 사실은 집단적 소유일 때가 많다. 그 '집단'이란 사회 전체이거나 국가 전체가 될 수도 있지만 그보다 범위가 좁은 개인들의 특정한 집단, 이를테면 조합이라든가 친목 모임 같은 것이 될 수도 있음을 상기한다면 이 점이 쉽게 이해될 것이다. 예를 들어 우리 조상들이 묻힌 선산은 법적으로는 제사를 받드는 종손 개인의 이름으로 등기가 되어 있을지라도 그것을 어떻게 관리하고 처분할지는 가문 전체의 의지와 의사가 관철되는 것이 원칙이다. 각 집안의 재산도 가만히 생각해보면 어느 개인에게 완전히 귀속된 사적 소유라고 하기 힘들다. 만에 하나 부부가 이혼이라도 하게 되면 어느 만큼이 누구에게 돌아가는지 복잡한 싸움이 시작되지 않는가. 그밖에도 친목 모임이나 조합처럼 개인들의 집단에게 소유권이 귀속되는 예는 얼마든지 있다. 따지고 보면 오늘날 주된 기업 형태인 주식회사(corporation ; joint stock company)도 어느 개인이 아니라 수많은 주주가 모인 주주 총회에 소유권이 귀속된다는 의미에서 집단적 소유라 보는 것이 옳다.

만약 그 집단이 사회 전체, 즉 '나라'가 되어 그것이 국가 기구를 매개로 소유권을 행사할 때는 특별히 사회화socialization 또는 국유화nationalization라고 부른다.

이 집단적 소유도 다시 그 구성원들 각각이 일정한 지분을 갖는 분유(分有, Miteigentum)와 구성원들의 모임 전체만 오롯이 소유권을 갖고 구성원 개인들에게는 지분이 주어지지 않는 총유(總有, Gesamteigentum)로 나눌 수 있다.

소유하는 대상

소유는 소유하는 대상의 성격 그리고 소유권자가 그 대상과 맺는 관계의 성격에 따라서도 다양하게 다른 내용을 가진다. 가장 이해하기 좋은 예는 앞에서 본 땅이라든가 밀가루와 같은 구체적인 사물thing을 소유하는 경우다. 이때 소유자가 그 의사를 소유 대상에게 관철한다는 정의는 아주 명확하고 논란의 여지가 없어 보인다. 밀가루로 갈증을 해소하거나 땅으로 하늘을 날 수는 없다. 구체적인 사물들은 모두 그 쓰임새의 범위가 대충 정해져 있으므로 그것을 소유한다는 것은 바로 그 범위 안의 몇 가지 가능성 중 하나의 방법으로 그 사물을 사용한다는 뜻으로 이해될 수 있기 때문이다.

그런데 실제로는 대단히 복잡해진다. 먼저 내가 내 소유의 땅을 누군가에게 세를 놓았다고 하자. 이렇게 되면 그 기간 동안은 그 땅을 사용할 권리가 그 누군가에게 돌아가기 때문에 소유권은 이중으로 갈라진다. 게다가 만약 그 사람이 그 땅에 농사를 지어 그 해 말에 엄청난 돈을 벌었다고 하자. 그 돈은 땅의 원래 소유주인 내 것인가 아니면 땅을 세내어 실제로 경작한 그 사람인가. 두 사람의 소유권은 오로지 그 땅이라는 사물에만 해당될까 아니면 거기서 파생되는 수익에도 해당될까? 그리고 혹시 농사를 짓다가 금광맥이나 유전이 발견된다면 그 권리는 누구에게 돌아갈까?

소유 대상이 사물일 때도 이렇게 복잡한 여러 가지 상황이 벌어지니 그 대상이 사람일 때는 어떨까. 예를 들어 고대 로마의 가장 pater familias은 노예들에 대한 권리postestas뿐만 아니라 처자

여기서 그 토지를 사용할 뿐만 아니라 거기서 나온 이익도 가져갈 권리를 용익권usufruct이라 한다. 이 말은 빌린 대상을 사용할usus 권리와 거기에서 나온 결실fructus을 가져갈 권리를 함께 일컫는 것으로, 로마법에서 나온 용어다.

식에 대해서도 돈을 받고 남에게 팔아버리거나 심지어 죽이고 살리는 것이 가능한 '수권(手權, manus)'이라는 절대적인 권리를 가지고 있었다. 이런 '사람에 대한 소유권'은 옛날 이야기고 민주주의적 법질서가 확립된 오늘날에 이 경우를 논의하는 것은 지나치다고 생각하는가? 하지만 현대의 기업주들은 자신이 고용한 월급쟁이들에 대해 일정한 소유권을 가지지 않는가.

　물론 오늘날의 월급쟁이들은 고대 로마의 노예나 처자식처럼 고용주에게 인격적으로 종속되는 것이 아니라 단지 자신들의 노동 능력을 상품으로 삼아 일정한 가격에 판매한다. 따라서 고용주가 소유권을 가진 대상은 월급쟁이라는 '사람'이 아니라 그의 '노동 능력'이라는 추상적 사물이라고 볼 수도 있다. 문제는 마르크스Karl Marx가 날카롭게 지적한 것처럼, 노동 능력이라는 것에 대한 지배와 사람에 대한 지배를 어느 만큼이나 정확하게 구별할

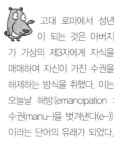

고대 로마에서 성년이 되는 것은 아버지가 가상의 제3자에게 자식을 매매하여 자신이 가진 수권을 해제하는 방식을 취했다. 이는 오늘날 해방(emancipation : 수권(manu-)을 벗겨낸다(e-)) 이라는 단어의 유래가 되었다.

수 있는가다. 고용주가 가진 소유권의 대상이 된 '노동 능력'에는 노동자에게 일을 빨리 하라고 욕설을 퍼붓거나 구타할 권리도 들어 있을까? 그리고 일감이 별로 없을 때는 노동자를 다른 회사에 돈을 받고 '파견할' 권리도 들어 있을까? 결국 인간사 몇 천 년의 경험으로 보았을 때에, 소유권의 대상에는 사람도 들어 있다. 한쪽에는 저 무지막지한 로마 시대 아버지의 권리가 있고 반대쪽에는 아주 합리적이고 부드러운 노사 관계가 있다. 우리가 사는 현실의 각종 노사 관계는 그 두 극단 사이의 어딘가에 해당할 것이다.

앞에서 본 특허권의 경우나 지적 소유권처럼, 소유 대상이 어떤 사물도 아니요 사람도 아닌 모종의 '무형의' 권리일 때는 또 다른 상황이 벌어질 것이다. 예를 들어 '슈퍼맨'이라는 캐릭터와 그에 관련된 모든 아이템에 대해 소유권을 가진다는 것은 무슨 뜻일지 생각해보자. 누구든지 가슴팍에 역삼각형 속에 S자가 새겨진 착 달라붙는 셔츠를 입고 광고를 한다거나 하면 모두 금지시킬 수 있다는 말일까? 만약 그 도안을 역삼각형에서 그냥 삼각형으로 뒤집으면 어떻게 될까. 우리 상식으로는 가늠하기 힘들다. 법정에 나온 변호사들과 판사들이 알아서 판단할 일이리라.

실제로 2002년에 캐나다 토론토에서는 어느 보석 상점 주인이 텔레비전 광고에 슈퍼맨 셔츠를 입고 나와 자기 가게를 홍보하다가 만화 〈슈퍼맨〉의 저작권자에게 고소를 당한 일이 있었다.

소유 대상을 둘러싼 다른 이들의 접근

지금까지 나온 이야기는 소유권을 가진 이와 그 소유권의 대상이 맺는 관계에 국한되어 있었다. 하지만 이 세상에서 소유권의 대상이 되는 것들(유형의 사물이건 무형의 권리건)이 다른 누구와도 관계를 맺지 않고 오로지 그 소유권자와만 관계를 맺는 일은 대단히 드물다. 예를 들어 앞에서 본 '내 입속에 들어온 밥 한 순 갈'이라든가 내가 몇 달째 입은 속옷 등과 같은 물건들은 사실 나 말고는 아무도 가지려 하는 이가 없을 테니 오로지 나와의 관계 속에서만 존재하는 대상들이라 할 수 있다. 하지만 내 아내(남편) 는 어떤가. 내가 그녀(그)의 남편(아내)이라고 해서 그녀(그)가 다른 사람들과 이야기하고 웃고 어울리는 것까지 금지할 수 있을 까. 급기야 그녀의 얼굴은 나 말고 어떤 외간 남자도 볼 수 없게 외출할 때는 시커먼 천으로 가리도록 그녀에게 요구할 수 있을까.

사물의 경우도 마찬가지다. 가령 여기서 저기까지가 합법적으 로 등기된 '내 땅'이라고 하자. 그렇다면 내게는 세상 누구도 내 땅에 근접조차 하지 못하게 막을 권리가 있을까. 예컨대 고향 가 는 길에 내 땅을 밟고 지나가는 자들을 총으로 쏘아 죽일 권리가 있을까. 총까지 쏘지는 않았지만 미국 여가수 마돈나는 자신이 영 국 시골에 구입한 토지에 사람들이 "쓸데없이" 오가는 것을 막아 달라고 법원에 요청하여 2004년에 어느 정도 그 권리를 인정받은 바 있다.

이보다 좀 더 극적인 경우는 아마도 아메리카 대륙 원주민(인디 언)들과 영국에서 건너온 백인들이 마주친 순간일 것이다. 지금 은 금싸라기 땅인 뉴욕의 맨해튼 섬은 1626년 5월 4일, 원주민들 에게서 백인 정주민들에게 단돈 24달러에 팔렸다. 문제는 양쪽이 이 '팔린' 토지의 소유권에 대해 대단히 다른 생각을 가지고 있었 다는 점이다. 영국에서 건너온 이들은 일단 자기 것이 된 토지는 누구도 주인의 허락이 없이는 함부로 들어오거나 지나갈 수 없는

이슬람권 국가의 여성들은 외 출할 때 얼굴을 가리는 의상을 착용한다

것이라고 여겼다. 그런데 원주민들은 생각이 전혀 달랐다. 토지란 땅의 일부니 그 땅이 자기 땅이라고 해서 누가 거기를 지나가거나 사냥하는 것을 금지한다는 것은 애초에 있을 수 없는 일이라 여겼다. 그랬으니 그들은 '땅을 산다'는 제안을 한 백인들을 실로 '어처구니없는' 사람들이라고 속으로 비웃었을지도 모른다. 아마 그 땅을 그런 가격에 파는 일도 그래서 가능했을 것이다. 그런 상황이었으니 17세기 초에서 18세기 중엽에 이르도록 미국 동부의 엄청난 토지는 헐값에 백인들에게 넘어갔다. 원주민들이 그 거래가 무슨 뜻이었는지를 깨달았을 때는 이미 돌이킬 수 없는 상황이었다.

이렇듯 소유권이란 소유 대상과 관계를 맺은 사람들이 그 대상

1660년대의 맨해튼을 조망한 지도. 대부분 논밭이었다(왼쪽). 현재의 맨해튼. 엠파이어스테이트 빌딩에서 내려다본 전경(오른쪽)

에 접근하는 것을 어떻게 그리고 어느 만큼이나 배제할 수 있는가에 따라 다양한 모습을 띠게 된다.

소유자, 소유 대상, 타인들을 둘러싼 사회적 조건

지금까지 우리가 본 요소들——소유자, 소유 대상, 다른 이들——은 그냥 진공 속에 떠 있는 존재들이 아니라 일정한 사회적 관계의 그물망 안에 꽁꽁 갇혀 있는 것들이다. 따라서 그 사회적 관계의 그물망이라는 존재는 앞의 세 요소만큼 또렷이 눈에 보이는 것은 아닐지라도 엄연히 소유의 성격과 내용을 규정하는 핵심 요소의 하나로 고려해야 한다.

공상과학 영화에 흔히 나오는 설정처럼 가까운 미래에 핵전쟁 혹은 기계와 인간의 전면전이 벌어져 문명이 붕괴되고 가까스로 살아남은 사람들이 원시 시대의 자연 상태처럼 살아간다고 생각해보자. 나는 방사능에 오염되지 않은 우물을 운 좋게 찾아내어 거기에서 살기 시작했다. 하지만 나처럼 마실 물과 안식처를 찾아 누더기를 걸치고 반쯤 해골이 되어 헤매는 다른 이들이 날마다 나를 공격하고 내 우물을 빼앗으려고 호시탐탐 노린다. 나는 살기 위해 날마다 눈에 불을 밝히고 쇠망치를 든 채 사방을 감시하며 다가오는 놈은 누구건 머리통을 내려친다……. 이런 악몽 같은 상황에서는 나와 내 우물과 다른 이들이라는 세 존재가 아무런 사회적 관계에도 들어가 있지 않다. 오로지 내가 그 우물을 독점적으로 사용하고 있으며 다른 이들과 나는 서로 머리통을 공격해가며 그 우물을 차지하려 든다는 적나라한 '자연 상태state of nature'의 사실 관계가 존재할 뿐이다.

하지만 그 상태가 지속되다가 드디어 나와 내 우물과 다른 사람들을 모두 포괄하는 공동체나 나라 같은 것이 건설된다면 이야기는 달라진다. 그 공동체나 나라는 세 가지 요소를 포괄하는 사회적 관계의 맥락을 제공하게 되어, 목마른 입들과 쇠망치와 머리통이라는 지극히 생리적이고 물리적인 요소들만 등장하던 드라마를 일정한 사회적 권리와 의무의 틀 안으로 포섭한다. 이를테면 그 공동체는 우물이 나의 소유라는 것을 인정함으로써 공동체의 어느 성원이건 내 소유권을 존중해야 함을 공식적으로 선포할 것이다. 그리하여 우물과 나의 관계는 쇠망치로 지켜내는 단순한 사실 관계에서 공동체 전체가 인정하는 하나의 법적 권리로 승격한다. 이제 누구건 내 우물을 함부로 건드리는 자는 나의 쇠망치뿐 아니라 공동체 전체의 권위에 따라 일정한 징벌을 받을 것이다. 그리고 그러한 '권리'에는 항상 '의무'가 따르기 마련이다. 이제 법적

자연 상태란 홉스, 로크, 루소 등과 같은 근대 초기 유럽의 사회 사상가들이 법적 질서가 생겨나기 이전에 인간들이 어떤 식으로 살았는가를 따져보기 위해 만들어낸 가상의(본인들은 그 상태가 실제로 존재했다고 믿은 듯하지만) 상태다. 그들이 상상한 자연 상태에 영감을 준 것은 《구약 성서》《창세기》와 그들에게 알려지기 시작한 신대륙의 '원시인들'이 살아가는 모습이었다.

권리로 승격한 소유권을 가진 나에게는 목말라 쓰러져가는 다른 사회 성원들이 일정한 범위와 방식으로 그 우물에 접근할 수 있게 할 사회적 의무가 따른다. 예컨대 새벽 5시에서 7시 사이에는 총량 10리터 한도 내에서 선착순으로 개방한다든가 하는 식으로.

우리는 전자와 같은 상태를 점유(占有, possession)라 하고 후자의 상태를 소유(所有, property)라 불러서 구별한다. 물론 우리가 사는 세상에서는 점유도 일정한 법적 보호를 받는다는 점에서 위의 예와는 약간의 차이가 있지만, 본질적으로 점유란 소유자가 소유 대상을 실제로 사용하고 지배한다는 사실 관계만 의미한다. 이러한 사실 관계를 공동체가 공식적으로 인정해 그 공동체가 정해놓은 일정한 권리와 의무의 사회적 관계 안에 속하게 되면 점유는 비로소 온전한 추상적·법적 권리를 띠는 소유권으로 변하게 된다. 따라서 '쇠망치에 호소하는' 자연 상태에서의 점유라면 모를까, 사회 안에 존재하는 소유권은 항상 소유자, 소유 대상, 타인들을 모두 포괄하는 공동체에 대한 일정한 권리와 의무로 그 내용이 제한되게 마련이다. 일단 소유가 그 권리/의무의 그물망에 들어오면, 구체적인 내용은 공동체가 정하는 법에 따라 다양하게 변할 것이다.

그런데 소유자, 소유 대상, 타인들을 포괄하는 관계망으로서 고려해야 할 사회적 조건이란 이와 같은 법적 권리/의무라는 사회적 관계만을 뜻하는 것이 아니다. 그 세 가지를 둘러싼 '기술적 조건'과 그 변화 또한 소유의 구체적 내용을 규정하는 데 염두에 두어야 할 중요한 요소다. 기술과 산업이 진화하면 소유 대상을 사용하는 방법과 범위 또한 계속 변하게 되고, 따라서 이를 둘러싼 소유자와 타인들의 관계 및 권리/의무 관계도 계속 변화할 수밖에 없다. 예컨대 인류는 19세기 말에 소위 2차 산업 혁명을 거치면서 석탄 대신 석유를 더 주요한 연료로 쓰기 시작했다. 그러자 유전 지역의 땅은 졸지에 엄청난 가치의 자산으로 바뀌었고, 바로 어제까지 아무도 관심이 없던 '검은 물'로 질퍽거리는 몹쓸 땅은 그것을 차지하기 위해 뛰어든 서양 제국주의의 석유 회사들과 아라비아의 족장들 그리고 공산주의 러시아 정권 사이에서 벌어진 치열한 각축전의 현장으로 바뀌었다. 그리하여 '채굴권'은 누가 가지며 일일 원유 채취량은 누가 결정하며 판매 이익은 누구에게 돌아갈지 등 실로 복잡한 소유권의 문제가 새로이 발생하게 되었다.

캘리포니아 서머랜드 앞바다에 개발 중이던 유전(1915)

좀 더 가까운 예로 인터넷과 MP3의 발명 이후 불거진 음반 저작권 문제를 생각해볼 수 있다. 음반에 실린 음악에 대한 소유권의 범위가 어디까지인가에 대해 새로운 해석을 내려야만 하게 된 것이다. 음악을 파일로 바꾸어 인터넷 동호인들peers끼리 주고받는 행위는 소유권을 침해한 것인가. 지금은 이에 대한 논란이 나름의 근거를 가지고 진행되고 합의점도 찾는 방향으로 나아가고 있지만 1990년대 말, 최대의 파일 공유 프로그램 업체이던 냅스터Napster와 음반 회사 간의 소송이 진행되던 당시만 해도 저작권에 대한 일반적인 인식이 기술의 속도를 따르지 못해 우왕좌왕하는 분위기였다. 이처럼 기술의 발전도 소유자, 소유 대상, 타인들을 둘러싼 관계를 바꾸어놓는 결정적인 요소다.

4. 소유를 둘러싼 문제는 복합적으로 따져보아야 한다

글 서두에서 우리는 인류 역사상 수많은 싸움과 분쟁을 낳아온 소유라는 개념은 그 자체가 수시로 내용이 변하는 수수께끼 같은 존재임을 보았다. 그리고 이렇듯 다양하게 변하는 의미를 포착하지 못한 채 추상적으로만 정의하기에는 소유라는 개념이 현실에서 너무나 큰 비중을 차지하는 사회적 제도라는 사실도 확인했다. 그리하여 소유 개념이 현실에서 변하는 다양한 모습을 포착하는 한 방법으로서, 그 개념을 이루는 네 가지의 구성 요소들, 즉 소유자, 소유 대상, 타인들, 이것들을 둘러싼 사회적·기술적 조건을 충분히 고려할 것을 제안했다. 다시 말해 똑같은 '소유'라 불릴지라도 그 네 가지 구성 요소 하나하나는 서로 다른 내용을 가질 수 있으며, 다양하게 변화하는 네 가지 구성 요소를 종합적으로 파악할 때 비로소 현실의 여러 소유 제도들의 모습을 이해할 수 있다는 것이다.

앞에서 말했듯 소유 제도를 둘러싸고 논쟁이 벌어질 때면 찬성하는 쪽이든 반대하는 쪽이든 이 제도의 의미와 내용을 마치 밝은 햇빛 아래 드러난 백조의 깃털마냥 명확하게 고정된 것으로 생각하는 경향이 있다. 그러한 확신이 있기에 소유 제도를 목숨 걸고 지켜야 한다거나 목숨 걸고 폐지해야 한다고 목청 높여 외치게 되는 것이다. 하지만 과연 그럴까. 그들 모두는 세상의 그 어떤 박식한 이라 해도 당황할 수밖에 없을 천의 얼굴을 가진 소유 제도를 모두 검토하고서 그런 주장을 하는 것일까. 그렇게 다양한 여러 소유 제도들 그리고 그것을 이루는 복잡다단한 여러 요소들과 측면들을 모두 검토한 뒤에도 사적 소유의 '신성불가침'의 위치를 확립하자든가 모든 사적 소유를 철폐하자든가 하는 흑백논리를 펼까.

이제부터 우리는 근대의 소유 제도를 낳은 서양 문명의 역사에서 그 제도를 둘러싸고 제기된 여러 비판과 주장을 살펴볼 것이다. 이때 주의할 점은 그러한 주장들을 살펴볼 때, 그것을 낳은 당시의 사회적 상황을 고려하지 않고 그 내용 자체로만 이해해서는 안 된다는 것이다. 그러지 않으면 소유 제도를 둘러싼 모든 주장과 담론은 천상의 이야기처럼 추상적인 형이상학으로 전락할 위

소유의 구성 요소

타인들

소유 대상

소유자

사회적·기술적 조건

험이 있다. 다시 말해 그 주장을 낳은 당대의 사회적·기술적 조건은 어떠했으며, 주장을 펼친 이들이 옹호하거나 반대한 소유 제도는 누가 무엇을 어떻게(즉 타인들과 어떻게 관계 맺으며) 소유하는 권리를 일컫는가를 곰곰이 생각해보아야만 한다는 것이다. 그렇다면 이제 소유 제도의 역사를 둘러싼 다양한 변화를 본격적으로 살펴보자.

베니스의 상인과
'절대적인 사적 소유'의 귀결

소유 제도를 제대로 이해하려면 소유자, 소유 대상, 타인들, 사회적·기술적 조건을 모두 고려해야 한다. 셰익스피어의《베니스의 상인*The Merchant of Venice*》에 나오는 '가슴살 1파운드' 이야기는 그런 요소를 고려하지 않고 사적 소유의 절대적 신성함을 주장할 때 어떤 사태가 벌어지는가를 잘 보여주고 있다.

베니스(베네치아)에 사는 유대인 고리대금업자 샤일록은 돈을 빌려간 이들에게 높은 이자를 매기고 그것을 악독하게 회수하는 것으로 악명이 높았다. 베니스의 상인들 중에는 그를 혐오하는 안토니오라는 청년이 있었다. 그는 샤일록에게 빚을 져 곤경에 빠진 이들에게 선뜻 돈을 빌려주는가 하면 공공 장소에서 공공연히 샤일록을 비난해, 샤일록에게 지독한 앙심을 샀다. 복수의 칼을 갈던 샤일록은 마침 돈이 필요한 안토니오에게 돈을 꾸어주면서 담보로 안토니오의 가슴살 1파운드를 잡는다. 사업 파산으로 돈을 갚지 못하게 된 청년은 결국 법정으로 끌려나와 꼼짝없이 샤일록에게 가슴살 1파운드를 빼앗기게 생겼다.

졸지에 샤일록의 사적 소유가 되어버린 가슴살 1파운드라는 '물건'에 대해 소유자, 소유 대상, 타인들, 사회적 조건이라는 네 가지 측면에서 생각해보

자. 먼저 샤일록은 과연 가슴살 1파운드에 대한 사적 소유자라고 할 수 있을까? 그러기 위해서는 먼저 그에게 가슴살을 담보물로 양도한 안토니오가 자기 가슴살에 대한 사적 소유권자였음이 성립해야 한다. 그런데 과연 안토니오는 자기 가슴살을 양도할 수 있는 사적 소유권자인가?

　물론 안토니오의 가슴살은 안토니오 것이다. 하지만 그렇다고 가슴살이 양도할 수 있는 사적 소유라는 뜻은 아니다. 철학자 헤겔이 강조했듯, 양도(讓渡)에 해당하는 독일어 Entäußerung은 어떤 것을 그것이 포함되어 있는 관계에서 끄집어내어 낯선 것으로 만든 뒤에 비로소 남에게 넘겨줄 수 있다는 뜻을 함축하고 있다. 즉 포함되어 있는 관계에서 끄집어낼 수 있는 것만이 사적 소유의 대상이 될 수 있다는 말이다. 그렇기에 나에게는 아내가 있지만 아내는 나와의 부부 관계라는 그물망에서 끄집어낼 수 있는 존재가 아니므로 내가 아내를 사적 소유로서 가지고 있는 것은 아니다. 또한 나는 몇 년간 갈고 닦은 기타 연주 실력이 있지만 이것도 밖으로 끄집어내어 팔 수 있는 것이 아니니 사적 소유의 대상이라 할 수 없다. 내 가슴살은 내 것이지만 이것을 '끄집어내어 낯선 것으로 만들면' 내가 죽고 만다. 사적 소유고 뭐고 소유자가 지상에서 사라질 판이다.

　둘째, 소유 대상이 된 가슴살 1파운드도 생각해보아야 한다. 이는 사물의 모습을 띠고 있지만 그 의미는 분명히 안토니오의 목숨이다. 그것은 허벅지나 엉덩이의 살 1파운드로 때울 수 있는 성질이 아니다. 샤일록이 원하는 것은 다른 무엇도 아닌 안토니오의 가슴살 1파운드, 그것도 증서에 명시적으로 쓴 대로 "심장 바로 옆의 1파운드"다. 샤일록이 원한 가슴살 1파운드는 단지 고기 한 근의 의미가 아닐 뿐만 아니라, 그 고기 한 근에 해당하는 만큼의 돈도 아니다. 안토니오의 절친한 친구 바사리오는 샤일록에게 돈을 두 배로 갚아

주겠다고 제안하지만 샤일록은 냉담하게 거절하고 "내 담보물을 가져가겠다"고 고집한다. 즉 서면상 샤일록의 소유 대상으로 된 것과 샤일록이 실제로 소유권을 주장하는 바는 일치하지 않는다.

셋째, 소유 대상을 둘러싼 타인들과의 관계를 보자. 앞에서 본 대로 소유권은 소유 대상을 둘러싼 여러 사람에게 일정한 접근이나 권리를 허용할지 말지의 문제를 포함하고 있다. 그렇다면 안토니오는 샤일록의 '소유'가 된 살 1파운드에 아무런 접근권이 없는가? 자기 가슴살인데도? 그것이 잘려나가면 피를 분수처럼 뿜으며 쓰러질 판인데도?

넷째, 샤일록, 가슴살 1파운드, 안토니오와 그의 친구들을 모두 둘러싼 베니스라는 나라의 사회적 조건은 어떠한가. 이 이야기의 흥미로운 점은 여기에 있다. 베니스는 중세 유럽에서 가장 먼저 자본주의적 사회관계가 발달하기 시작한 곳의 하나다. 안토니오가 씁쓸하게 되뇌듯이 베니스라는 나라는 무역으로 먹고사는 나라다. 따라서 베니스를 드나들며 장사를 하는 모든 상인들의 상품에 대한 사적 소유권을 철두철미 보장하는 것이 법의 근간을 이루고 있다. 그렇기 때문에 비록 베니스 공화국의 통령이라고 해도 샤일록이 주장하는 가슴살 1파운드의 사적 소유권을 부정할 수 없다는 것이다.

아니나 다를까, 4막에서 벌어지는 재판장 풍경은 이러한 안토니오의 걱정이 그대로 현실화되는 것을 보여준다. 샤일록은 방금 이야기한 복잡하고 어려운 문제들을 모두 "가슴살 1파운드에 대한 자신의 신성불가침의 사적 소유권"이라는 하나의 원칙으로 풀어버린다. 가슴살 1파운드가 과연 양도 가능한 사적 소유의 대상이 될 수 있는가, 그 실제의 내용은 사실상 안토니오의 목숨이 아닌가, 또한 그의 생명과 자유는 아무 고려 대상이 되지 않는가, 가슴살 대신 채무 액수를 두 배로 갚으면 안 되는가 등의 문제에 대해 한사코 "내 담보물은 내 것이다I would have my bond"라는 한마디로 대응한다. 가슴이 답답한 베니스 통령도 인간적 동정심에 호소하는 이상은 하지 못한다. 법정의 자비를 바란다면 당신도 자비를 베풀라는 식이다.

짜증이 난 샤일록은 사적 소유의 무제한적인 신성함을 갈파하는 명대사를 내뱉는다.

내가 잘못한 게 없는데 무슨 법정을 두려워하란 말인가요?

당신들 중에는 많은 노예를 사들인 자들이 있지요.

이들을 마치 당나귀나 개나 노새처럼,

당신들은 비천하고 힘든 일에다가 마구 부려먹습니다.

이유는 당신들이 그 노예들을 샀기 때문입니다. 나도 당신들에게,

그들을 자유롭게 하여 당신들의 자녀들과 결혼시키라고 한번 주장해볼까요?

그 노예들에게 짐을 지워 피땀을 뽑지 말고, 그들의 침대도

당신들의 침대처럼 푹신하게 해주고 또 그들의 입도

부드러운 사슴고기로 채워주라고 한번 주장해볼까요? 당신들은 이렇게 대답하겠죠.

"이 노예들은 우리 것이다"라고. 나도 이렇게 답하겠소.

내가 그에게서 요구하는 가슴살 1파운드는

돈을 주고 비싸게 산 것이오. 그것은 내 것이며 나는 그것을 반드시 가질 것이오.

만약 내 권리를 부인한다면, 당신들의 법이란 웃기는 수작이 되겠지!

베니스의 법령에는 아무런 구속력도 없게 될 것이오.

어서 판결을 내리시오. 대답하시오. 내가 그것을 가져도 됩니까?

이 무지막지한 샤일록의 주장에 판사는 어떻게 대처했을까. 위에서 본 두

번째 문제, 즉 소유의 대상이 정확하게 무엇인가를 파고드는 방법이었다. 먼저 판사는 양심이나 동정에 호소하여 샤일록의 선처를 바라는 따위의 논리를 냉혹하게 기각하고 오로지 철저한 사적 소유의 원칙만으로 판결을 내리겠음을 천명해 샤일록의 입이 귀에 걸리게 만든다. 하지만 판사는 그 "가슴살 1파운드"라는 말의 모호함을 파고든다. 샤일록은 오로지 가슴살 1파운드에만 권리가 있고 그 이상도 이하도 아니다. 따라서 1파운드보다 조금이라도 더 떼어내거나 덜 떼어내어서는 안 된다. 게다가 계약서에는 '피'에 대한 언급이 없으니 안토니오에게서 한 방울의 피도 빼앗아가서는 아니 되며, 안토니오의 '목숨'을 빼앗는 일은 더더욱 할 수 없다. 따라서 샤일록의 가슴살 1파운드에 대한 신성불가침의 사적 소유는 오로지 안토니오를 죽이거나 한 방울의 피도 흘리지 않게 하면서 단번에 정확히 1파운드를 떼어낼 때만 성립된다……

  샤일록이 움찔하며 궁지에 몰리자 판사는 샤일록의 주장이 경제적 거래의 탈을 쓰고 위장한 살인 행위라는 본질을 폭로한다. 그러자 순식간에 샤일록, 가슴살, 안토니오를 둘러싼 사회적 맥락은 자유 계약 존중의 민법과 상법에서 "베니스 시민의 목숨을 노린 외국인(당시 유럽에서 유대인은 외국인으로 취급되었다)은 재산을 몰수한다"는 형법으로 바뀌게 되었고, 샤일록은 재산을 잃고 강제로 기독교도로 개종당한다.

  셰익스피어가 살던 16세기 엘리자베스Elizabeth 1세 시대의 영국은 '절대적인 사적 소유'라는 원칙이 처음으로 등장해, 돈이 된다면 땅주인이 몇 백 년에 걸쳐 자기 땅에서 농사를 짓던 사람들을 모조

리 쫓아내고 양을 기르는 소위 '종획 운동(인클로저)'의 여파가 여전히 남아 있는 시대였다. 《베니스의 상인》은 도처에서 성장하며 사회를 근본적으로 바꾸어놓는 이 무제한의 사적 소유라는 제도를 보면서 셰익스피어가 인문주의자로서 보여준 통찰과 기지가 번득이는 작품이라 할 것이다.

사족일 수 있지만, 여기에다가 '기술적 조건'의 변화라는 것도 한번 대입해보자. 위에서 가슴살 1파운드는 떼어내면 당사자의 목숨이 위태로워지니 양도 가능한 사적 소유의 대상이 되기에는 문제가 있다고 했다. 그런데 꼭 가슴살이 아니더라도 의학 기술의 눈부신 발전을 통해 신장이나 간 같은 장기 전체 또는 일부를 떼어내고도 살 수 있게 된다면? 그렇다면 이야기는 다르지 않을까? 헤겔식으로 말하자면 이제 장기도 '바깥으로 끄집어내어' 남에게 넘겨줄 수 있는 것이 되었으니 응당 사적 소유의 대상물로서 자유롭게 판매되는 것이 옳지 않을까? 아직까지는 절대 다수의 사람들이 이러한 '자유로운 장기 매매'의 가능성에 소름이 돋을 것이며 지구상 어떤 나라도 그것을 허용한 곳은 없다. 하지만 한국에서도 벌써 어떤 이들은 돈 있는 사람과 없는 사람이 돈과 장기를 주고받는 것은 마땅히 허용되어야 한다고 주장하기 시작했다고 한다. 기술적 조건의 변화가 사적 소유의 범위와 내용을 어떻게 바꾸어놓을 수 있는지를 보여주는 '산' 예라 할 것이다.

산업 혁명 이전
―플라톤에서 바뵈프까지

1. 최초의 논쟁―플라톤과 아리스토텔레스

　서양 사상사의 2,000년이 넘는 파란만장한 흐름을 훑어보면 수없이 많은 논쟁과 혁신이 그것을 풍요롭게 했음을 알 수 있다. 그런데 그 수많은 논쟁과 혁신의 핵심적인 아이디어는 고대 그리스, 그것도 알렉산드로스Alexandros가 페르시아를 침범하기도 전의 고전적 민주주의 체제가 유지되던 아테네에 살던 두 철학자의 사상을 이리 베끼고 저리 변주한 경우가 허다하다. 소유를 둘러싼 논쟁도 예외는 아니다. 최소한 중세가 끝나가는 16세기 정도까지 유럽인들의 사회사상에서 소유에 관한 생각은 플라톤(기원전 428/427~348/347)과 아리스토텔레스Aristoteles(기원전 384~322), 특히 아리스토텔레스의 절대적 영향 아래 있었다. 그렇다고 여기서 이 두 사람의 견해를 살펴보려는 것이 단지 유명하고 중요한 사상가들의 생각을 '성지순례' 삼아 참배하자는 차원은 아니다. 다른 많은 경우에서 그렇듯 소유에 대한 논쟁에서도 두 사람은 정반대의 입장에서 각각이 취할 수 있는 논거와 논리 구조 그리고 정당화의 얼개 등의 원형을 보여주고 있다. 따라서 두 사람의 주장을 제대로 이해한다면 '한 줄로 죽 꿰어낸다〔一以貫之〕'까지는 아니더라도 향후 2,000년간 벌어진 소유 논쟁의 개략을 이해하는 데 결정적인 도움이 될 것이다.

모든 것을 공유하는 완벽한 사회를 꿈꾸다—플라톤

플라톤과 아리스토텔레스는 모두 아테네에 살았다(플라톤은 아테네 시민이었고 아리스토텔레스는 아테네에 거주하는 외국인이었다). 아테네라는 도시 국가polis는 두 철학자에게 단순히 주거지만 제공한 것이 아니라 인간 사회에 대한 각자의 사상을 형성하는 중요한 틀이 되었다. 아테네는 페르시아 전쟁 직후 그리스 세계 특히 해안가의 도시 국가들의 맹주가 되어 그 위세가 지중해 전역에 떨치는 등의 전성기를 구가했다. 그러자 본래 그리스 도시 국가 세계의 으뜸을 차지하고 있던 스파르타는 이렇게 팽창하는 아테네에 밀려 질투심에 가득 찼고, 마침내 아테네를 침공해 긴 전쟁을 시작했다. 전쟁은 아테네의 패배로 끝나고 이후 아테네는 안팎으로 퇴락의 길을 걷게 되었다.

리쿠르구스

플루타르코스Plutarchos 등 이 전쟁에 대한 고대 역사가들의 의견을 모아보면, 아테네가 패배한 것은 아테네와 영 딴판으로 생긴 스파르타라는 나라의 사회·정치적 구성이 원인이었다. 스파

르타의 정치와 사회를 설계한 사람은 리쿠르구스Lycurgus라는 전설 속 인물로, 그는 스파르타의 시민들(농사짓는 노예들 위에 군림하는 이들)에게 교역이나 제조업을 금했을 뿐 아니라 일체의 사적 소유를 금지했다고 전해지는데, 거기에는 물질뿐 아니라 아내와 자식까지 포함되었다고 한다. 이렇게 되면 사치나 타락, 부패 따위가 생길 수 없고 가난한 자와 부자 사이의 불평등이라는 사회적 갈등도 있을 수 없다. 모든 사람이 오로지 나라를 지키는 강건한 전사로서의 삶에 골몰하게 되며 그러한 삶 속에 전우애로 똘똘 뭉치게 되니 강한 나라가 될 수밖에 없었다는 것이다.

이러한 모습은 아테네와 극히 대조적으로, 당시 아테네는 교역과 화폐 경제 발전의 극치를 이루고 있었고 대단히 발달된 사적

이런 스파르타에서 여성은 특별히 한 남자에게 묶일 일이 없으니 결국 가장 건강한 남자 아이를 낳으려고 하는 경향이 있었다고 하며, 아이들은 7세가 되면 국가에 보내져 전투 훈련을 받았다고 한다.

소유 장치를 가지고 있었다. 또한 그로 말미암아 재산과 소유의 분배 및 재분배를 놓고 가진 자들과 못 가진 자들 그리고 가진 자들과 가진 자들 사이에 갈등과 분쟁이 끊이지 않아 사회가 거의 풍비박산이 날 만큼 분열된 것도 스파르타와 대조적이었다. 목숨만큼 사랑하던 스승 소크라테스를 잃고 그를 비참한 죽음으로 몰아넣은 아테네 사회에 깊은 회의를 품고 있던 플라톤은 스파르타 사회를 하나의 모범으로 삼아 그의 이상적인 국가의 모습을 그려냈다고 한다.

그가 이상으로 삼은 국가의 모습은 그의 저작 《국가*Politeia*》에 나타나 있다. 그가 스파르타를 본떠 상상한 이상적인 국가는 평민들 그리고 그들 사이에서 엄격한 심사를 거쳐 선발된 지배 계층(보호자)으로 구성되는데, 후자에 속한 이들에게는 일체의 사적 소유(땅이건 집이건 심지어 처자식도)가 금지되고 모든 것을 공유해야 한다. 그렇게 되면 그들은 강력한 동지애와 서로에 대한 우정으로 하나로 똘똘 뭉칠 것이었다. 생각해보라. 어른들의 세계에서 개인적으로든 단체로든 편을 갈라 싸우고 반목하고 시기하는 원인은 9할, 아니 9할 9푼 이상이 재산, 여자(남자), 자식들이 아닌가. 만약 플라톤이 소크라테스의 입을 빌려 상상하듯, "내 것, 내 여자(남자), 내 새끼들"이라는 것이 없이 공동생활을 한다면 싸울 일이 없지 않겠는가.

《국가》는 이상 사회에 대한 플라톤의 급진적인 상상력이 여과 없이 개진된 저작이다. 후기 저작인 《법률*Nomoi*》에서는 조금 목소리를 낮추어 현실적인 차원에서 국가와 사회를 논했다. 하지만

플라톤

거기에서도 플라톤은 "최초의 그리고 가장 고상한 국가와 정부 및 법률의 형태는 '친구들끼리는 모든 것을 공유한다' 라는 옛 격언이 지배하는 형태다" 라는 기본적인 원칙을 포기하지 않았다.

이러한 사회가 현실적으로 달성 가능한 상태인지는 누구도 확신할 수 없을 것이며, 심지어 플라톤 자신도 그다지 가능성이 높다고 보지 않은 것 같다. 그런데 플라톤의 정치사상의 목적은 현실적으로 달성 가능한 사회의 모습을 그려내는 것이 아니었다. 그는 우리들 마음속과 머릿속에서 지울 수 없이 또렷한 '이상적인 상태' 로서의 국가와 사회를 그려내, 우리가 몸담고 살아가는 현실의 국가와 사회를 반성할 수 있는 척도로 삼기를 의도했다. 이렇게 '아이들, 여자, 재산' 까지 완전히 공유된 사회가 가능한지 여부를 떠나 플라톤은 최소한 원칙상 이것이 최고 사회임은 틀림없지 않으냐고 우리를 다그친 것이다.

사적 소유는 인간 사회의 필수 요소―아리스토텔레스

플라톤의 제자 아리스토텔레스는 이러한 스승의 주장에 정면으로 맞서, 사적 소유의 폐지가 현실적 달성 가능성은 물론 심지어 '원칙상' 으로도 바람직한 것이라 할 수 없다고 주장했다. 그가 보기에 우선 스승 플라톤은 국가가 어떻게 생겨나는지에 대한 일체의 고려를 빼먹은 채, 마치 국가가 이런저런 개개인들이 어쩌다 보니 뭉쳐서 살게 된 우연적인 집단인 것처럼 논하고 있다. 모든 학문에 만능이었지만 특히 동물학에 뛰어났던 아리스토텔레스는 국가가 생겨나는 과정을 인간이라는 종(種)의 자연적 생활에서부

아리스토텔레스

터 끌어냈다. 인간에게 일차적으로 가장 자연스러운 욕구는 먹고 마시고 자식을 낳고 기르는 것들로, 여기서 제일 먼저 생겨나는 집단은 가족 경제다. 이러한 가족 경제에는 부모와 자식들뿐 아니라 노예와 재산까지 일부로 포함되어, 이 집단은 경제적인 자급자족을 본성으로 삼는다.

이러한 가족 경제의 숫자가 늘어나면 마을이 생겨난다. 그러다가 마을이 일정한 크기가 되면 그것을 구성하는 가족 경제의 구성원들(사실상 가부장들) 사이에 그 마을의 공동생활을 좀 더 효율적으로 이끌어가고 나아가 구성원들의 윤리나 미적 취향 같은 것까지 함께 이야기함으로써 그것을 공공선(公共善, common good)으로 구현하는 높은 단계의 조직으로 발전한다. 이것이 바로 아리

아테네의 아크로폴리스 유적

스토텔레스가 관찰한바, 그리스인들의 독특한 국가 형태인 폴리스(도시 국가)가 생겨난 논리다.

이러한 아리스토텔레스의 논리를 따른다면, 사적 소유에 대한 싸움이야말로 국가의 단결을 저해하는 최고의 위험 요소니 이것을 완전히 제거한 국가가 이상적이라는 주장이 어떠한 오류를 범하고 있는지 확실해진다. 여자, 아이들, 재산에 대한 집착이야말로 인간 세상의 가장 기본적인 단위인 가족이 생겨나는 동기다. 사실 '여자, 아이들, 재산을 소유하는 독립적 단위'보다 더 정확한 고대 가족 경제의 정의가 어디 있겠는가. 이렇듯 가족이 일단 성립된 뒤에 이들의 정치적·문화적·군사적·철학적 욕구에 따라 생겨나는 것이 국가, 즉 폴리스다. 그러니 여자, 아이들, 재산에 대한 사적 소유가 국가를 위태롭게 한다고 해서 그것을 철폐해버린다면 국가의 기초인 가족 경제 자체가 소멸해버릴 것이고 아예 국가 자체가 소멸한다. 요컨대 이는 어떤 건물의 기둥이 부실하거나 문제가 있다고 그것을 아예 뽑아 없애버리자는 것이나 마찬가지다.

따라서 아리스토텔레스가 보기에 사적 소유를 공적 소유로 대체하자는 것은 인간 사회를 만들어내는 가장 근원적이면서도 기초적인 욕구, 즉 자기애(自己愛)를 부정해버리는 것으로 이는 가능하지도 않을뿐더러 바람직하지도 않다. 사람이 가장 큰 즐거움을 느낄 때는 어떤 것이 '자기 것'이기를 바라는 욕망을 가지고 그 욕망을 실제로 충족시키는 순간이다. 따라서 모든 사람이 자기 것을 가지고 있을 때 오히려 다른 사람들 일에 괜히 코를 들이밀

거나 참견하는 일 없이 평화롭게 살 가능성이 높다. 반면 공적 소유 상태일 때는 어떨까. 우선 공적 소유란 '아무의 것도 아니' 기때문에 누구도 그것을 제대로 관리하거나 돌보려 하지 않아 효율성이 크게 떨어질 것이다. 게다가 플라톤이 생각한 것처럼 싸움이 사라지기는커녕 공적 소유의 대상물들을 놓고 이것을 어떻게 사용해야 하는지에 대한 싸움이 끊이지 않을 것이며 그 대상물은 결국 수많은 사공들에 의해 산꼭대기로 올라갈 것이다. 즉 인간의 이기심이나 자기애라는 것을 자연스러운 것으로 인정하면서 사회 제도를 만들어나가야 자연스러운 사회가 이루어진다는 것이다.

물론 아리스토텔레스가 현대 자본주의 사회의 보수적인 철학자들처럼 사적 소유의 신성불가침을 외친 것은 결코 아니었다. 그도

지나친 빈부 격차가 가진 자와 못 가진 자 사이의 계급투쟁을 불러일으켜 폴리스의 정치 안정을 좀먹게 할 것이라는 점을 누구보다도 강조했고 그것을 규제할 필요를 제기했다. 또한 그가, 사적 소유란 소유권은 개인에게 귀속되더라도 그것을 사용하는 것은 항상 공동체 전체의 이익에 부합되어야 하며 다른 이웃들에게 열려 있는 것이어야 한다고 강조한 점도 특기할 만하다. 1장에서 본 소유의 네 가지 구성 요소의 차원에서 따져본다면, 아리스토텔레스의 사적 소유는 소유권의 귀속이라는 면에서는 오늘날의 사적 소유와 똑같다 해도 타인과의 관계 그리고 사회 전체와의 관계라는 점에서는 큰 차이가 있다.

하지만 소유 제도를 둘러싼 두 철학자의 논지는 이후 2,000년이 넘도록 그 제도를 반대하는 이들과 찬성하는 이들에게 가장 근본적인 논리적 원형을 제시했다는 점에서 그 중요성을 아무리 강조해도 지나치지 않다. 1990년대 초 공산주의 진영이 몰락했을 당시, 신문과 방송 등에 출연한 '대학자들' 또한 어째서 자본주의와 사적 소유만 최상의 제도고 공산주의와 공적 소유는 사악한지를 설명하면서 아리스토텔레스가 몇 천 년 전에 했던 이야기를 거의 앵무새처럼 반복했다.

대표적인 예로 미국의 미래정치학자 후쿠야마를 들 수 있다. 다른 보수주의 이념가들과 달리 그는 공산주의가 몰락한 지금 사적 소유에 기초한 자본주의 경제 체제는 두 가지 차원에서 인간에게 유일한 선택임이 입증되었다고 주장했다. 첫째, 아리스토텔레스와 마찬가지로 그는 사적 소유가 인간의 가장 깊숙한 본성에 뿌리박은 제도라는 인간 본성론에 기댄다. 둘째, 그러한 사실은 몇 천 년을 넘는 소유 제도를 둘러싼 기나긴 싸움의 끝에 결국 사적 소유와 자본주의 쪽이 승리했다는 1990년대의 현실을 통해 논박이 불가능한 진리로 입증된 것이다. 따라서 그는 이제 다른 가능성은 생각할 여지가 없으며, 인간의 역사는 '종말'을 고했다는 충격적인 주장으로 논지를 이어갔다.

2. 17세기 영국—자본주의적 소유 개념의 탄생

두 철학자에게서 몇 천 년을 건너뛰어 17세기 영국으로 가보자.

중간에 중요한 철학자나 논쟁이 없었기 때문이라기보다 우리가 살고 있는 21세기 사적 소유의 원형과 그것을 정당화하는 철학이 나온 대표적인 시간과 공간이 바로 당시이기 때문이다.

'우리 시대 사적 소유의 원형'이라니, 사적 소유는 항상 똑같은 사적 소유 아닌가? 단군 할아버지 시절의 땅임자와 1990년 부동산 가격 폭등 당시의 땅임자는 어차피 땅임자라는 점에서 같지 않은가? 그렇지 않다. 1장에서 보았듯 소유를 사적 소유와 공적 소유로만 나누는 것은 소유 제도의 구성 요소 가운데 하나인 '누구에게 귀속되는가'에 제한된 분류일 뿐으로, 이것만으로 소유 제도를 분류하는 것은 나머지 세 요소, 즉 소유 대상, 타인들과의 관계, 사회적·기술적 조건의 문제 등에 존재하는 다양한 차이점들을 무시한 채 전혀 다른 종류의 소유 제도들을 사적/공적이라는 이분법에 몰아넣는 우를 범하게 된다.

앞에서 살펴본 아리스토텔레스의 주장을 보자. 그는 분명히 소유권이 '개인'에게 돌아가는 사적 소유 제도를 옹호했지만, 그 소유의 대상이란 암묵적으로 토지나 물품(물론 노예)과 같은 구체적인 것이 주요 대상이었다. 또한 그가 믿기로 개인이 자신의 재산을 사용하는 방식은 폴리스 전체의 이익이라는 사회적 조건에 의해 제한되는 것이며, 타인들도 사용할 수 있게 사유 재산은 최대한 개방되어 있어야 한다. 반면 《베니스의 상인》의 샤일록이 주장하는 '가슴살 1파운드'라는 소유권은 개인에게 귀속된다는 것 말고는 아리스토텔레스의 소유권과는 정반대다. 먼저 그의 소유 대상은 안토니오에 대한 '생사여탈권'이라는 추상적 권리(비록 고깃살 1파운드라는 '물건'의 형태로 위
장되어 있지만)며, 이에 대해서는 그 고
깃살의 '육체적' 주인인 안토니오라 할지
라도 참견할 수 없고 베니스의 지배자와
그의 법정도 당연히 끼어들 여지가 없다.

셰익스피어가 《베니스의 상인》을 발표
한 엘리자베스 1세 시대의 영국에서는 이
미 그러한 포괄적이고도 신성불가침의

엘리자베스 1세

배타적 권리로서의 사적 소유라는 전대미문의 관행과 제도가 생
겨나고 있었다. 이를 그 세 가지 구성 요소 각각의 차원에서 살펴
보자.

소유의 대상—물적 소유에서 추상적 소유로

17세기 영국 이전에 서양 문명사에서 소유권에 대해 가장 정비
된 법적 체계를 제공한 틀은 로마법이었다. 1장에서 잠깐 보았듯
로마법에 따르면 어느 가정의 가장의 권리는 자신의 처자식에 관
한 처분권, 노예에 대한 처분권, 토지 등의 물적 재산에 대한 처분
권dominium의 세 가지로 구성되어 있었다. 즉 세 번째의 도미니
움이라는 처분권은 일단 사람이 아닌 오로지 구체적인 물건만 대
상으로 하며, 그것을 다른 누구의 간섭도 받지 않고 자기 마음대
로 사용하고 처분할 수 있는 절대적 권리라고 규정되어 있었다.

그런데 중세 말기부터 특히 영국과 프랑스에서 이 소유를 나타
내는 말은 전혀 다른 뜻을 담은 라틴어 proprius라는 말에서 나오

고 있다. 이 말은 사람이고 물건이고 가릴 것 없이 그저 주인이 누구인가만 중요한, 즉 '누군가에게 귀속되는' 이라는 뜻을 가진 말에 불과했다. 단순한 물건만이 아니라 노예나 처자식과 같은 사람은 물론 능력이나 권리와 같은 추상적인 것들도 일단 그 임자와 주체가 누구인지 분명히 귀속할 수만 있다면 모두 사적 소유의 대상이 된다는 의미다. 라틴어에서 이것에 해당하는 관념을 담은 말로 suum이 있었는데, 그 의미는 물적 재산뿐 아니라 '생명, 자유' 와 같은 것들을 포함하는 것이었다. 그래서 17세기 영국에서이 소유에 해당하는 영어 property는 '재산, 생명, 자유' 와 같이 유형무형의 권리와 능력 일반을 지칭하는 말이 되고 말았다. 이렇게 세 가지의 포괄적인 요소들로 구성된 추상적 권리로서의 소유 property라는 관념은 이후 미국 헌법의 제5수정조항에도 그대로 드러나 있다.

이렇게 소유의 대상이 물건에서 권리 일반, 나아가 생명, 자유 같은 추상적인 것까지 포괄하게 된 것은 황당한 사태 진전처럼 보일지도 모르지만, 가만히 생각해보면 그럴 만한 이유가 충분하다. 위의 세 가지는 내가 생명 활동을 펼쳐나가는 데 필수불가결한 세 가지로, 어느 하나가 위협당하면 다른 것들도 곧바로 위협을 당한다. 인질극의 상황이라든가 '발가벗겨서 쫓겨난' 노비 같은 예를 생각해보라. 그런 상황에 처한 사람들에게 나머지 두 가지를 가지고 있다는 것은 별 의미가 없다. 중세 말에서 근대 초에 이르는 기간의 유럽 사회는 보안이나 치안이 잘 유지된 사회와는 거리가 멀었다. 노상강도와 거지 떼가 들끓었고, 심지어 크고 작은 군주들도 자신의 필요에 따라 언제든 개인의 것을 마음대로 빼앗고 말을 듣지 않으면 잡아다가 별의별 엽기적인 고문을 가했다. 이 상황에서 '사물에 대한 권리'라는 로마법식의 도미니움 같은 것으로 소유의 의미를 제한한다고 무슨 의미가 있었겠는가.

타인들과의 관계―울타리 치기

이 시대의 사적 소유 제도에는 근대 초기 영국 농촌의 토지 소유와 사용의 독특한 조건이 관련되어 있다. 유럽 봉건제의 기초 단위인 장원(莊園, manor)은 경제적 자급자족 단위로, 오랜 기간 동안 내려온 관습과 약속 등의 집적체라 할 수 있었다. 장원에 사는 사람들과 그들이 경작하는 토지, 사용하는 각종 시설도 정복과 전쟁, 새로운 토지 개간과 협업, 종교적 단위인 교구(敎區), 토지 임차, 군사적인 보호를 받기 위한 자발적인 인신적 종속homage 등 오만가지 복잡한 사정이 1,000년 넘게 펼쳐진 결과 생겨난 관습과 규칙의 그물망에 친친 감겨 있었다. 그 결과 누군가가 어떤 토지나 시설을 자기 것으로 가지거나 임차한다고 해도 그것을 자기 마음대로 쓸 수는 없었다. 이를테면 어떤 땅은 토질이나 위치상 장원 사람 전체가 먹을 아스파라거스를 생산하는 데 적합하여 아득한 옛날부터 장원의 관습법상 다른 것은 재배할 수 없게 되어 있다든가, 또 어떤 땅은 거기 사는 사람들이 예전부터 그 땅에서 쫓겨나지 않고 경작을 계속할 권리가 있으므로 그들의 의사를 존중하면서 땅을 사용해야 한다든가 하는 식이었다.

영국은 유럽 대륙에 비해 토지의 임차 관계가 아주 일찍부터 발달했다. 그런데 이 임차 관계란 기본적으로 화폐적 관계인 만큼, 땅을 빌린 쪽도 빌려준 쪽도 가급적 그 땅에서 많은 이윤이 나오기를 기대하는 것은 마찬가지였다. 그래서 자신들이 가지게 된 토지를 더 많은 이윤을 낼 수 있게 '개선improve'하고자 하는 열망이 있었다. 그런데 그렇게 최대의 이윤이라는 목표에 맞게 합리적으로 그리고 계획적으로 사용되어야 할 토지가 여기서 여기까지는 아스파라거스, 저기서 저기까지는 감자라는 식으로 꽁꽁 묶여 있어서야 아무 일도 안 될 판이었다.

사태가 이러하자 땅주인들은 관습이건 교회의 명령이건 아무 간섭도 받는 일 없이 자기 소유의 땅을 사용하겠다고, 그리고 그 땅의 사용에서 타인들도 모조리 배제해버리겠다고 나섰다. 그 전

형적인 사건이 바로 16세기 초부터 시작된 종획 운동, 즉 인클로 저Enclosure였다. 당시 유럽 전역의 시장이 확장됨에 따라 모직물에 대한 수요도 폭발적으로 늘었는데, 그 제조창으로 이름 높은 곳이 바로 영국에 인접한 플랑드르(지금의 네덜란드)였으므로 영국의 지주들은 양털을 깎아 팔기만 하면 큰돈을 벌 수 있었다. 이들은 지체 없이 자기 땅에 들어와 있는 모든 농노와 소작민을 깡그리 내쫓은 뒤 울타리enclosure를 쳐버리고 거기에 양을 기르기 시작했다. 그 토지에 몸을 기대 몇 대에 걸쳐 삶의 터전으로 살아오다가 졸지에 부랑자 신세가 된 소작민들로서는 어이가 없는 일이지만, 토지를 이용해 최대의 이윤을 낳으려는 땅주인으로서는 이렇게 합리적인 일도 없었다. 이렇게 해서 타인들의 사용을 완전히 배제해버릴 수 있는 자본주의적 사적 소유의 원형이 나타나게 되었다.

이 상황을 비판하면서 《유토피아Utopia》의 저자 토머스 모어는 "순한 양이 사람을 잡아먹는 사태가 벌어졌다"는 유명한 구절을 남겼다. 그런데 토머스 모어 본인도 상당한 규모로 인클로저를 행한 지주였음을 기억해야 한다. 인클로저를 금지하겠다고 엄포를 놓은 영국 왕 헨리 8세도 막상 자신의 토지에서 본격적으로 인클로저를 행한 사람이기도 했다. 당시 영국의 땅주인들 모두에게 인클로저는 보편적으로 퍼져 있는 현상이었던 것이다. 부동산 투기를 소리 높여 비판하는 지식인과 그것을 잡겠다고 호언하는 정치 관료 대부분이 부동산 투기의 주역들이기도 한 지금의 상황과 비슷하다고 할까.

사회적 조건―권리를 지키기 위한 인민의 움직임

사적 소유란 항상 그 소유자와 소유 대상이 소속된 사회에 대한 일정한 의무와 권리의 그물 안에 들어 있게 마련이다. 따라서 오늘날의 자본주의 사회에서도 사회는 '공공의 목적'이라는 명분이 분명할 경우 사적 소유를 제한하거나 필요하다면 아예 그 권리를 가져갈 수도 있다. 그런데 이러한 추상적인 원칙이 현실 세계에서는 '개인의 사적 소유를 침탈하는 국가 권력자의 횡포'라는 구체적인 현상으로 나타날 때가 많다. 사실 '사회'란 모호한 존재로 현실에서는 항상 그것을 대표한다고 자신을 내세우는 국가일 수

물론 이때는 적절한 보상이 있어야 한다. 이렇게 공공의 목적을 위해 보상을 치르고 사적 소유권을 가져가는 국가의 행위를 수용(收用, expropriation)이라고 부른다.

밖에 없으며, 그 국가는 국가 권력을 장악한 권력자의 기구에 불과한 경우가 종종 있다.

영국은 이러한 분쟁을 겪은 역사가 오랜 나라다. 일찍이 13세기에 영국의 귀족들은 왕이 함부로 세금을 거둘 수 없고 세금을 거둘 때는 납세자들 대표의 동의를 얻어야 한다는 내용의 대헌장, 즉 마그나 카르타Magna Carta를 왕에게 받아들이게 한 바가 있다. 그런데 17세기에 들어오면서 상황이 묘하게 바뀌기 시작했다. 알려진 대로 엘리자베스 여왕은 결혼하지 않고 후사 없이 세상을 떠났다. 그래서 영국의 왕권은 스코틀랜드의 스튜어트Stuart 왕조 출신의 왕들에게로 넘어간다. 이 외국인 왕들은 종교부터 시작해 사사건건 영국의 관습과 충돌했는데, 그 중 가장 심각한 것

영국은 16세기 헨리 8세의 '종교 개혁' 이래로 영국 왕이 수장인 영국 교회(성공회(聖公會, Anglican Church))가 종교로 보편화되었지만 스튜어트 왕조의 왕들은 독실한 가톨릭이었다.

존 왕이 대헌장에 서명하는 순간을 재현한 그림(왼쪽). 대헌장(오른쪽)

은 대헌장 이후 내려오는 전통을 무시하고 인민들의 재산을 자기들 재산처럼 여겨 마구 징발해버리는 행동이었다.

당시의 유럽, 특히 영국이 인접한 북대서양 지역은 30년전쟁을 전후로 극심한 혼란 상태에 있었기에 영국 왕으로서는 늘어가는 군비를 조달하기 위해 전전긍긍할 수밖에 없기는 했다. 하지만 전쟁과 같은 공공의 목적을 이유로 삼는다 해도 영국 인민들은 자신들의 사적 소유를 일방적으로 침해하는 행동을 묵과하지 않았고, 1649년의 청교도혁명과 1688년의 명예혁명이라는 두 차례에 걸친 혁명을 통해 이를 좌절시켰다.

어찌 보면 17세기의 시민 혁명은 13세기 대헌장의 재판(再版)에 불과한 것 같다. 사회 전체의 이름 아래 공적 권위가 사적 소유를 침해할 수 있다는 원칙은 건드리지 않은 채 단지 그 한계와 절차에서만 분명한 원칙을 정해놓은 것으로 보일 수도 있으니까. 하지만 여기에는 사적 소유에 대한 중대한 질적 전환이 있었다. 즉 최고의 신성불가침성을 가진 것은 오히려 사적 소유 쪽이며 공적 권위란 사실 그것을 수호하고자 하는 목적에서 '파생된' 것에 불과하다는 것이다. 따라서 공적 권위로 사적 소유를 제한하는 것도 어디까지나 좀 더 크고 넓은 차원에서 사적 소유를 보호하기 위한 목적에서만 허용되는 것이 된다. 이로써 몇 천 년 내려오던 국가의 권위와 개인의 사적 소유의 위계가 완전히 역전되어, 현대 자본주의에서의 사적 소유와 사회 및 국가와의 관계의 원형에 해당하는 모습이 나타나게 되었다.

가장 극적인 사건의 하나로 '금 몰수 사건'이 있다. 찰스 2세는 군비 조달을 위해 많은 이들에게 빚을 졌는데 그 중 하나가 금장(金匠, goldsmith)이었다. 금장들은 자기들이 보유한 금을 당시 런던에서 가장 안전한 장소로 여겨진 런던 타워(어떤 간 큰 도둑이 런던 타워를 노리겠는가!)에 예치해두었다. 그런데 빚이 계속해서 쌓이자 찰스 2세는 1672년, 금장들에 대한 채무도 무시해버리고 오히려 런던 타워에 있는 금을 몰수해버렸다.

3. 로크—신성불가침 자연권으로서의 사적 소유

자연 상태—태초에 개인과 소유가 있었다

　이제 우리는 영국 철학자 로크(1632~1704)가 1690년에 출간한 《정부론*Two Treatises of Government*》에 나타난 사적 소유의 이론과 그 숨은 의미를 어느 정도 짚어보아야 한다.

　이 저서의 목적은 인간 사회와 국가의 권위가 어떻게 나타나게 되었는가에 대해 왕당파가 내세운 주장, 특히 필머Robert Filmer라는 이가 제출한 견해를 반박하고 그에 완전히 대칭되는 새로운 이론을 내놓는 것이었다. 필머의 견해는 다음과 같았다. 자연과 인간 세상은 신이 창조한 것이니 권위의 기원은 응당 신에게 속한다. 그런데 신은 그 권위를 최초의 가부장인 아담(여성인 이브는 빠져 있다!)에게 부여했으니, 아담은 지상의 모든 사물과 동식물에 대한 소유권은 물론 자신의 후손인 전 인류에 대한 조상으로서의 권위도 가지게 되었다. 이것이 지상의 사회와 권위가 나타나게 된 연유다. 이후 현세의 모든 권위는 바로 아담의 권위를 물려받았으므로 신성한 것이며 당연히 모든 재산과 인신에 대한 지배력을 포함하는 포괄적인 것이다. 따라서 군주는 자신의 필요에 따라 임의로 인민들의 인신과 재물을 징발할 권위를 보유한다.

　로크는 2부로 구성된 자신의 저서 1부에서 이러한 필머의 견해를 조목조목 비판하고, 2부에서 자신의 이론을 펼쳐나간다. 그의 주장에 따르면 인간사의 시작은 아담과 같은 가부장의 권위가 아니라 '자연 상태'였고, 여기서 인간들은 나름으로 자신의 소유를

존 로크

〈아담의 창조〉(미켈란젤로, 시
스티나 성당 천장화)

활용해 행복하고 안정되게 살고 있었다. 그리고 이때의 소유란
'재화 및 인신의 안녕person as well as goods', 즉 '재산, 생명,
여러 항목의 자유estates, life and liberties'다. 요컨대 태초에
사회와 권위가 있었던 것이 아니라, 태초에 있었던 것은 개인과
소유다.

  그런데 이러한 자연 상태는 상당한 불안정성을 가진 것이어서,
이를테면 외적이 침입한다든가 내부에서 누군가가 부당한 횡포를
부린다든가 해서 다른 이의 소유가 침해될 위험이 늘 존재했다. 이
러한 위험성은 제각각의 소유와 함께 저마다 행복하게 살고 있는
개개인에게 상당한 불편함을 느끼게 했다. 게다가 경제가 발전해
교역과 산업이 번창하고 화폐 유통이 본격화되면서 인간 사회에
는 탐욕과 싸움이 끊이지 않았다. 이러한 상황이 벌어지자 모든 이
는 자신들의 소유(이는 재산과 여러 추상적 인신의 권리와 자유를
지칭하는 의미임을 기억하자)가 이리 밀리고 저리 밀리는 북새통
속에서 언제 어떻게 침해될지 모른다는 불안에 시달리게 되었다.

필머

로크

　그러자 개인들은 국가를 형성해 그 권위에 복종하기로 합의하
고, 그 권위 앞에 자신들의 소유 즉 재산과 인신의 권리, 심지어
생명까지(전쟁 동원을 생각해보라) 일부 포기하는 데 합의했다.
마침내 지상에 권위가 나타나게 된 것이다. 하지만 이때 국가 권
위가 나타난 목적은 어디까지나 개인들의 소유의 보호와 보존이
었다. 즉 창조주의 거룩한 명령이니 최초의 가부장 아담에게서 시
작된 신비스러운 전승이니 하는 소리와는 아무 관계가 없다. 아주
냉철하게 말하자면, 권위란 자신의 소유를 지키고자 뭉친 개인들
이 일정한 비용을 부담하며 함께 운영하는 보안 서비스에 지나지
않는다. 그 보안 서비스의 순조로운 운영을 위해 개인들이 일정한
부담을 지고 그 명령에 순종한다고 해서 마치 보안 서비스의 권위

가 개인들 위에 군림하는 양 보는 것은 주객이 전도된 이야기다.

여기서 로크는 이러한 논리를 극단까지 밀고 나가 실로 대담한 주장을 펼친다. 만약 이러한 본연의 임무와 본분을 잊고 인민들의 소유를 마구 침해하는 것 자체가 목적인 정부가 있다면, 인민들은 거기에 불복종할 뿐만 아니라 벌떼처럼 들고 일어나 정부를 두들겨 부술 봉기(蜂起)의 권리가 있다는 것이다. 이제 우리는 필머 등의 왕당파가 가지고 있는 사회, 국가, 소유에 대한 이론과 거의 완전히 대칭되는 이론을 만나게 된다. 태초에 소유가 있었고 여기에서 사회가 나오며 국가는 그 사회의 작동이 개인의 소유를 해치는 것을 막기 위해 나왔다. 따라서 원칙상 소유가 사회 및 국가에 의무를 지고 있는 것이 아니라 사회와 국가가 개개인의 소유를 신성불가침으로 수호할 의무를 지고 있는 것이다.

그런데 이러한 이론에는 한 가지 문제점이 있다. 만약 사회와 국가가 소유라는 개념에서 파생되어 나왔다면, 소유는 어디에서 나온 것이며 그것에 정당성을 부여해줄 이는 누구인가? 1장에서 잠깐 보았지만 소유property는 사회적으로 인정받는 권리라는 점에서 단순히 내가 어떤 땅이나 물건을 차지하고 사용하고 있다는 사실 관계로서의 점유possession와는 다르다. 점유란 사회적 · 법적으로 인정된 것이 아니기에 사실상 힘에 의해서이건 다른 우연적인 원인에 의해서이건 사실 관계가 바뀌면 그대로 사라질 수도 있는 덧없는 것이다.

그렇듯 덧없는 상태를 넘어 내가 어떤 것을 가지고 있다는 사실이 사회적 현실로 확립된 소유가 되려면 무엇이 필요할까? 우선

로크의 저서가 출판된 것이 1690년으로, 한때 이 저서가 1688년에 벌어진 명예혁명을 정당화하려는 목적에서 집필된 것으로 여겨지기도 했다. 그러나 최근의 연구 결과 실제로 집필된 시기는 훨씬 전인 1679년경임이 밝혀졌다. 이러한 사실은 로크가 사유의 전개와 발전에 있어 얼마나 대담한 철학자였는가는 물론 그 대담함이 현실적인 인민들의 분노를 실제로 반영한 것임을 보여준다. 그러한 인민들의 반항이 바로 몇 년 뒤에 실제로 벌어졌으니 말이다.

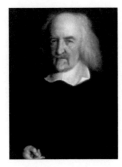

토머스 홉스

그것을 인정해줄 사회가 있어야 하며, 그렇게 인정된 나의 소유권을 누군가가 침해할 때 일정한 강제력으로 그것을 막아줄 국가가 있어야 한다. 이렇게 국가, 사회, 소유의 세 개념은 무엇이 무엇에서 나왔다라고 말하기가 닭과 달걀의 관계와 같다. 필머처럼 태초에 권위가 있었다고 전제하는 이론에 한 가지 장점이 있다면, 이처럼 소유권이라는 개념의 정당성을 그 권위의 존재에서 손쉽게 도출할 수 있다는 점이다. 그래서 필머와는 전혀 다른 논리적 기초에 서 있던 철학자 홉스Thomas Hobbes(1588~1679) 같은 사람마저, 소유권이라는 것이 국가의 존재 덕분에 생겨나는 것이니 국가가 원한다면 언제든 소유권을 박탈하는 것도 당연하다고까지 주장했다.

나의 소유권의 근거는 '노동'에서 나온다

이런 문제에 대해 사회 사상가로서 로크는 혁신적인 업적을 이루었다. 즉 소유(사회) 국가라는 철의 삼각형에서 빠져나와 소유권의 정당성의 기초를 국가 권위에서 인정받는 것이 아닌 다른 데서 찾아낸 것이다. 그것은 다름 아닌 인간의 노동이었다. 있는 그대로의 자연이 그 자체로 큰 의미나 가치를 가진다고 볼 수는 없으며, 여기에 의미와 가치를 부여해 버젓한 재산으로 만들어주는 것은 단순히 힘으로 밀고 들어가 차고앉는 행위도 아니고 사회와 국가에서 등기 증명서를 교부받는 것도 아니다. 실제 그 땅, 그 사물에 달라붙어 그것이 인간에게 쓸모 있는 것으로 바뀔 수 있게 자신의 몸과 마음에서 나오는 능력, 즉 노동을 섞는mix with

labor 것만이 그것을 재산으로 만들어주는 진정한 소유권 개념의 정당성에 대한 근거다. 사실《구약 성서》〈창세기〉에서 신이 인간에게 지구를 넘겨주며 내린 명령도 "생육하고 번성하라"는 것 아니었는가. 무가치한 상태로 사방에 널브러진 자연에 맨몸으로 뛰어들어 "생육하고 번성하라"는 신의 명령을 실현하기 위해 내 몸과 마음에서 우러나온 노동으로써 그것들을 인간에게 쓸모 있는 것으로 고쳤다는 사실, 이것보다 더 떳떳하고 정당하게 나의 소유권을 주장할 근거가 또 있겠는가. 인간들끼리 만들어놓은 저 타락한 사회니 국가니 하는 것이 어째서 필요한가 말이다.

　이러한 로크의 이론은 앞에서 본 '개선'이라는 새로운 시대적 지상 명령과도 일치된다. 사실 로크가 자신의 소유권 개념이 정당하다는 근거로 삼은 것은 '노동가치론labor theory of value'으로, 이는 로크의 의도대로라면 소유의 정당성에 대한 근원이 될 수도 있는 이론이지만 19세기 초 영국 사회주의자들처럼 쓴다면 '자신이 직접 땀 흘려 만들지도 않은 것들을 소유하는 것은 도둑질'이라는 정반대의 이론으로 쓰일 수도 있다. 즉 만지기에 따라 주인의 손도 벨 수 있고 사과 껍질도 벗겨낼 수 있는 양날 달린 칼인 것이다. 그런데 로크의 글을 읽어보면 그가 말하는 노동이란 훗날의 사회주의자들에게 그랬듯 '실제로 어느 만큼의 시간 동안 피와 땀을 흘려 노동했는가'라는 과정의 의미라기보다는 '쓸모없는 것을 쓸모 있는 것으로 전환했다'라는 결과의 의미가 훨씬 강하다. 그래서 비록 사람을 총으로 협박해 올가미를 씌우는 것은 손가락 하나 까딱할 만큼의 노동에 불과할지 모르지만 그것으로 신대륙에서 죄나 짓고 살던 '인디언'들이 '쓸모 있는 노예'로 변했다면 그것도 정당한 소유가 된다고 본 것이다. 요컨대 '이윤을 낳는 데 쓸모가 있는 것으로 전환'된 모든 것은 그렇게 전환한 이의 것이 된다는 것이 그의 주장에 가깝다.

여기에 '화폐'라는 요소가 추가되면서, 로크의 이론은 이후 몇백 년이 지난 오늘날까지도 거의 모든 자산 계층에게 깊은 신뢰를 주는 세련된 자본주의 소유권 이론의 형색을 완결한다. 로크가 사용하는 노동 가치론에 따른다면 오늘날 많은 재산을 가진 이들(예컨대 빌 게이츠)은 사실상 모조리 도둑놈이다. 과연 그들은 그렇게 많은 재산을 모조리 자기의 노동을 통해 창출한 가치로서 정당하게 가지고 있는가. 사실 로크의 이론도 얼핏 이러한 비판에 가담하는 것처럼 보이기도 한다. 로크의 소유권 이론대로라면 누

구든 자신이 사용하지도 못할 만큼의 재화와 경작하지도 못할 만큼의 토지를 가지고 있으면서 그것에 먼지가 쌓이고 썩어가게 한다면 이는 신의 뜻에 어긋나는 것이니 정당하지 못한 소유이기 때문이다.

그런데 이처럼 엄격한 불호령이 떨어지는 가운데 모두가 빠져나갈 '뒷문'이 열려 있기도 하다. 로크는 화폐의 발명이라는 인간 문명의 대사건을 들고 나온다. 인간 노동의 산물에는 과일이나 곡식처럼 일정 기간이 지나면 썩어서 못쓰게 되는 것들이 있는데, 이때 이것을 썩기 전에 필요한 사람에게 넘겨주고 대신 필요할 때 그 가치에 상응하는 만큼의 다른 물건을 받아낼 수 있는 증서, 즉 일종의 저축 수단으로서 화폐가 발명되었다는 것이다. 이렇게 된 이상 한 사람이 가지고 있는 재산의 크기가 반드시 그가 일생 동안 노동한 양에 비례할 이유는 없어진다. 결국 화폐라는 발명품을 통해 인간이 보유할 수 있는 정당한 재산의 크기에는 상한선이 없어진 셈이다. 상속의 형태로건 어떤 형태로건 강도질이나 사기가 아니라 합법적인 거래를 통하기만 했다면 그가 보유한 화폐의 양 자체는 그(나아가 그의 조상까지)가 이 사회 전체의 쓸모, 즉 '효용'의 창출에 기여한 바를 나타내는 척도라고 할 수 있게 된다. 나아가 그 화폐를 소유한 사람이 그것을 '놀려두지 않고' 계속 불려나가고만 있다면 이는 신의 뜻에 어긋나는 소유라고 할 수 없는데, 사실 이렇게 '놀려두지 않고 계속 불려나가는 화폐'야말로 그 이전 몇 천 년과 구별되는 근대 자본주의 특유의 소유 관념이라는데 이의를 달 사람은 없을 것이다.

4. 18세기 프랑스—사적 소유의 폐지를 향해

호사다마(好事多魔)라는 말이 있다. 어느 한쪽으로의 강력한 경향이 나타나면 반드시 그 반대의 경향도 함께 나타나서 일정한 평형을 이루는 것이 세상과 우주의 이치라는 사고방식에서 나온 말이다. 이 말은 17세기 영국과 18세기 프랑스에서 나온 소유권 사상의 흐름에도 적용된다. 17세기 영국에서는 이후 자본주의적 소유권의 탄탄한 정당성을 제공해줄 로크의 소유권 이론이 나왔다. 그런데 18세기 프랑스에서는 자본주의적 소유권에 끈질기게 도전할 급진적인 사상의 뿌리가 형성되었다. 이제부터 확인하겠지만 그 정반대의 사상이 바로 '모든 인간은 평등하며 이 세상의 모든 권리와 소유의 근원은 인간 노동'이라는, 로크의 사상과 일맥 상통하는 생각에서 뻗어 나왔다는 것은 우연으로 돌리기 힘든 아 이러니라 하겠다.

프랑스 혁명에서 폭발하게 되는 사회적 불평등은 하루아침에 생겨난 것이 아니다. 이는 17세기부터 꾸준히 확립된 절대 왕정 이라는 국가 체제와 그 사회적 배경이 된 구체제, 즉 앙시앵 레짐 ancien régime의 논리적 모순에서 필연적으로 나타난 부산물이 었고, 그 규모와 비참상 또한 상식을 뛰어넘는 것이었다. 이러한 현실의 부조리와는 대조적으로 당시 프랑스에서는 유럽 문명 전 체에서 가장 선진적이고 진보적이었다고 할 수 있는 계몽주의 사 상이 꽃을 피우고 있었다. 사상의 최첨단에 선 계몽주의 철학자들 이 야만적인 불평등의 현실을 보면서 가진 생각은 이런저런 제도 몇 가지를 고치는 수준이 아니라 아예 문명 차원에서 비판과 개조 를 해야 한다는 훨씬 근본적이고 급진적인 것이었다. 그리고 그 중 몇몇은 그러한 당대 문명의 썩어빠진 기둥 중 가장 문제가 많 은 것으로 소유 제도를 지목하고 비판을 집중했다.

장 자크 루소

소유 제도 앞에서 평정을 잃다―루소

당시의 대표적인 학자 중에는 《사회 계약론*Du Contrat social ou principes du droit politique*》으로 잘 알려진 루소Jean-Jacques Rousseau(1712~1778)가 있다. 프랑스 왕립 학술원이 상금을 내 걸고 공모한 "인간 사이의 불평등의 기원은 무엇이며 이는 자연법 에 따라 인정될 수 있는가"라는 주제에 응답한 루소의 저작 《인간 불평등 기원론*Discours sur l'origine de l'inégalité parmi les hommes*》
에 나오는 유명한 구절을 보자.

한 필지의 땅에다가 울타리를 쳐버리고는 "이 땅은 내 것이야"라
고 선언하면 사람들이 단순하게도 그 말을 믿어버린다는 것을 최초
로 발견한 사람, 그 사람이야말로 문명사회civil society의 진정한
창립자다. 만약 그때 누군가가 말뚝을 뽑아버리고 도랑을 메워버린
뒤 동료 인간들에게 "이 사기꾼의 말을 듣지 마라. 대지의 결실은
모든 인간의 것이며 대지는 누구의 것도 아니라는 점을 잊는다면 우
리는 길을 잃게 된다!"고 목 놓아 외쳤다면, 인류는 얼마나 많은 범
죄, 전쟁, 살인, 그리고 비참함과 끔찍한 일들을 피해갈 수 있었을
것인가!

여기에서 우리는 두 가지를 확인할 수 있다. 첫째, 사적 소유라
는 제도는 이제 인간 사회의 문제 많은 이런저런 제도 가운데 하
나 정도가 아니라 문명사회의 초석을 이루는 가장 근본적인 제도
로서 그 중요성이 강조되었다. 둘째, 그렇게 생겨난 문명사회에서
사적 소유 제도는 온갖 사회악의 근원이 되었다. 이 부분만 보면
플라톤이 제기한 주장과 큰 차이가 없어 보일 수도 있다. 이는 아
리스토텔레스와 로크의 관계에서도 마찬가지다. 그런데 후자의
경우 가만히 살펴보면 환골탈태의 큰 변화가 있었듯이 플라톤과
18세기 프랑스 철학자들의 입장에도 중요한 차이가 존재한다.
플라톤에게 사적 소유는 그저 폴리스의 단합을 저해하는 골칫

거리nuisance일 뿐 인간 문명의 기초적인 조직 원리로까지 심각
하게 다루어진 것은 아니었다. 오히려 폴리스가 구성되는 근본 원
리 차원에서 소유의 문제를 다루어 스승 플라톤을 논리적으로 공
박한 쪽은 아리스토텔레스였다. 그런데 18세기 프랑스 철학자들
의 눈에 비친 인간 사회는 폴리스도 아니고 진정한 의미의 문명사
회도 아닌, 가진 자가 후안무치한 온갖 이유와 구실로 못 가진 자
를 잔인하게 벗겨가는 곳이었다. 따라서 소유 제도야말로 잘난
'문명사회'의 핵심이요 본질에 해당하는 것이 된다.

이 점이 소유 제도에 대한 루소의 다음과 같은 '횡설수설'의 원인이었을 것이다. 위와 같이 험악한 말로 소유 제도를 공박한 루소는 《사회 계약론》에서는 소유 제도의 폐지가 아니라 공동체에 대한 사적 소유권자의 의무를 강조하는 선에서 그치고 있으며, 또 다른 저작인 〈정치 경제론Discours sur l'économie politique〉에서는 소유 제도를 아예 "시민의 모든 권리 가운데 가장, 아마 자유보다도 신성한 권리"이며 "문명사회의 진정한 기초"라고까지 말했다.

그런데 얼핏 보면 모순된 말들이지만《인간 불평등 기원론》, 《사회 계약론》, 〈정치 경제론〉 각각의 목적과 위상을 생각해보면 꼭 그런 것은 아니다. 첫 번째 저작은 불평등의 기원을 분석하는 것이기에 가장 급진적이고 근본적인 분석과 비판이 필요했고, 세 번째 저작은 현존하는 문명사회의 구성 원리를 객관적으로 서술하는 백과사전의 한 항목인 셈이었다. 두 번째 저작은 루소 나름의 사회 개혁안을 담고 있으니, 첫 번째와 세 번째의 절충적인 입장을 띠는 것도 당연하다. 결국 여기서 확인되는 것은 루소가 얼마나 사적 소유 제도를 근원적인 문제라고 생각했는가, 그리고 그것이 현실에서 얼마나 저항할 수 없는 괴물로 위치를 굳혀버렸는지를 뼈아프게 자각하고 있었는가다.

불가능을 가능으로—프랑스 대혁명

루소와 동시대인인 모렐리Morelly 같은 이는 좀 더 명시적으로 사적 소유가 폐지된 공산 사회의 유토피아적인 이상을 내건 팸플릿 〈자연의 법령Code de la Nature〉을 발표해, 훗날 공산주의 사상의 시조로 이야기되기도 한다. 하지만 그렇게 사적 소유에 대한 비판과 공산 사회의 유토피아를 결합한 저작은 토머스 모어 Thomas More의 《유토피아》를 필두로 캄파넬라Tommaso Campanella나 플라톤까지 얼마든지 전례가 있다. 일관된 입장은 있지만 지루하고 범상한 모렐리의 저작보다 일관성이 없어 보이는 루소의 태도가 훨씬 무게 있게 다가오는 이유는, 사적 소유라는 제도에 대해 아무리 급진적인 논리적 · 이성적 비판이 이루어진다고 해도 현실에서 그것은 이미 이도 들어갈 수 없을 정도로 근본적인 사회 조직 원리로서 자리 잡고 말았다는 현실주의자다운 루소의 통찰과 절망이 그의 모순된 '횡설수설' 속에서 느껴지기 때문이리라.

토머스 모어

그런데 만약 '이가 들어가는' 상황이 온다면? 어제까지 도저히 떨쳐버릴 수 없는 숙명으로 체념하고 살아야 했던 모든 인간 사회의 제도들이 하나둘씩 아니 우르르 무너져버리는 상황이 벌어진다면? 신의 대리자요 국가의 현존태이던 군주가 저잣거리에서 조리돌림을 당하고 목이 잘리고, 가톨릭 대신 '이성의 종교'가 국교로 선포되고 몇 천 년 동안에 벌어진 것의 몇 배에 달하는 사회 제도의 변화가 단 하루, 아니 오전 오후 단위로 벌어지는 상황이 온다면? 그렇다면 이미 어찌할 수 없는 현실로 루소가 체념해버린 사적 소유라는 '만악의 근원'도 단순히 모렐리처럼 공상 속에서만 폐기할 것이 아니라 현실적 · 제도적으로 폐지하자고 들고 나설 법도 하지 않은가?

톰마소 캄파넬라

그런 일이 실제로 벌어졌다. 1789년에 시작된 프랑스 대혁명은 상상 속에서나 있을 법한 일들이 실현된 사건이었다. 민중 반란은

프랑스 혁명 당시 민중에게 공격당한 바스티유

처음 있는 일이 아니었고 왕의 목을 친 것도 처음은 아니었다. 하지만 카스토리아디스Cornelius Castoriadis 등의 사상가들이 지적했듯, 프랑스 혁명의 진정한 새로움은 바로 인간 사회의 여러 제도는 인간이 만들었으므로 인간들의 토론과 이성을 통해 임의로 바꿀 수 있다라는 자각이 벌어진 최초의 사건이라는 점에 있다. 프랑스 혁명 이후 인간 세계에는 인간이 의심을 품고 한번 바꾸어볼 것을 시도하지 못할 사회 제도란 존재하지 않는다. 그러니 사적 소유 제도라고 예외였겠는가?

혁명은 로베스피에르Maximilien F. M. I. de Robespierre가 이끌던 자코뱅(산악당)이 반혁명으로 실각한 뒤 일단 온건한 공화정으로 이어진다. 그런데 그 온건한 공화정의 치세가 2년 정도 지난 1796년 5월 11일, 그라쿠스 바뵈프Gracchus Babeuf를 필두로 한 소위 '평등자의 음모Conjuration des Égaux' 라는 것이 발각되는 사건이 벌어진다. 이들은 성격이 모호해 처음에는 왕당파의 반혁명 집단이 아니냐는 설까지 있었으나, 곧 이들이 기도한 것은 더욱 급진적인 혁명, 그것도 아예 사적 소유 자체를 폐지하고 모든 소유를 공유해 공동 노동으로 운영되는 공산주의 사회 확립에 있었음이 밝혀져 많은 이들을 경악하게 했다.

로베스피에르

프랑스 혁명 기간에도 사적 소유에 대한 공격이 없는 것은 아니었지만, 혁명은 한편으로는 농민들의 토지 소유를 확립해 구체제를 분쇄한다는 태도를 가지는가 하면 교회와 귀족의 재산을 보상 없이 몰수한다는 태도를 갖기도 했다. 그뿐 아니라 사적 소유야말로 모든 시민의 가장 근원적인 권리라는, 루소가 말한 '문명사회'의 원칙을 확인하기도 하는 등 그 성격은 대단히 혼란스러운 것이었다. 무엇보다 혁명의 어떤 급진적인 분파에도 사적 소유라는 제도 자체를 근원적으로 폐기하자는 대담한 주장을 정책적 과제로 내건 이는 거의 없었다고 할 수 있다. 그런데 단 50년 전만 해도 퀴퀴한 냄새가 나는 철학책의 망상으로나 떠돌던 생각을 현실에 실현하고 아예 그것을 원칙으로 한 헌법까지 만들자고 나선 집단이 생긴 것이다.

이는 우연은 아니었다. 영국의 역사학자이자 경제학자인 콜G. D. H. Cole이 지적하듯, 혁명이 끝났을 때 최종적인 패자는 도시의 무산 계급이요 승리자는 새로운 유산 계급이었다. 농촌의 농민들은 이제 구체제에서 해방되어 자기 소유의 토지를 얻을 수 있었다. 하지만 도시의 노동자들과 같은 '제4신분'은 혁명과 전쟁과 공포 정치의 소용돌이 속으로 엄청난 희생과 대가를 치르며 뛰어

혁명 전 프랑스의 공식적인 신분 구별은 성직자(제1신분), 귀족(제2신분), 그밖에 세금을 납부하는 부르주아와 서민들(제3신분)로 되어 있었다. 하지만 혁명이 진전되면서 제3신분 밑에 그보다도 못한 처지인 도시 노동자 등의 제4신분이 있음이 발견되었다. 이후 '제4신분'이라는 말은 공식적인 담론에도 오르지 못하는 최하위 계급을 일컫는 일반 명사가 되었다.

들었건만 무엇을 얻었던가? 이들은 혁명에게 배반당했다고 느꼈
고, 그 해결책은 '유산자 일반'을 놓고 '무산자 전체'가 뭉쳐 음모
를 통해 정권을 탈취한 뒤 '무산자 독재'를 완성해 사적 소유라는
제도 자체를 근원적으로 폐기해버리는 새로운 혁명이라고 판단
했다.

새로운 사적 소유 관념의 씨앗을 품고

지금까지 우리는 플라톤에서 바뵈프에 이르는 2,000년이 넘는
시간 속에서 벌어진 소유 제도 논쟁의 추이를 살펴보았다. 여기에
는 분명 똑같이 반복되는 것들이 있다. 특히 그 기간 동안 문제로
삼은 소유의 가장 중심 항목은 사실상 '토지'다. 이는 그 시대를
통틀어 인간 문명의 기술 수준으로 볼 때 토지가 가장 중요한 소

유 항목이 될 수밖에 없었기 때문이라 할 수 있다. 그러다 보니 소유 제도를 공격하는 쪽이나 그것을 옹호하는 쪽이나 그 논리의 구성이나 근거에서 상당히 비슷한 양상을 반복할 수밖에 없었을 것이다. 사실 앞서 나온 루소의 인용문은 키케로Marcus Tullius Cicero와 같은 고대 로마의 저자들에게서도 발견되는 방식으로, 혁명가 바뵈프François Noël Babeuf가 '그라쿠스Gracchus' 라는 이름을 자칭한 데서도 확인할 수 있다. 플라톤과 아리스토텔레스의 논지가 로크, 루소, 바뵈프까지 반복된 것은 두 철학자의 천재성에도 기인하겠지만 산업과 기술의 연속성이 더욱 중요한 요인일 수도 있다.

바뵈프는 토지의 균등한 재분배를 통해 로마 공화정의 질서를 바로잡고 사회적 평등을 실현하고자 한 고대 로마의 그라쿠스 형제를 흠모해 그들의 이름을 자신의 이름으로 삼았다.

하지만 산업과 기술 차원에서 변화가 없었던 것은 아니며, 그것이 논쟁을 새로운 지평으로 끌고 갔다는 사실도 놓치지 말아야 한다. 로크가 논한 토지와 재산은 이미 아리스토텔레스가 대상으로 삼은 그것과 판이하다. 이제 토지와 재산은 단순한 사용의 대상이 아니라, 최대의 생산성을 달성해 최대의 이윤을 뽑아내는 기술적 혁신의 대상이자 도구로 여겨졌다. 따라서 그의 논지에는 일찍이 산업 혁명 후에 나타날 새로운 사적 소유 관념의 맹아가 숨어 있는 것이 당연했다. 바뵈프의 경우도 마찬가지다. 만약 자본주의적인 사적 소유의 개념처럼 타인들의 개입도 그리고 사회나 국가의 개입도 완전히 무시해버릴 수 있는 배타적인 소유 제도가 확립된다면 아무 재산도 갖지 못한 무산 계급은 어떻게 해야 하는가. 어렸을 때 소풍 가면 흔히 하던 짝짓기 놀이(노래 부르며 빙빙 돌다가 사회자가 "세 명!" 하고 외치면 어떻게든 세 사람이 짝을 지어야 살아남는 놀이)를 기억하는지. 어쩌다 짝을 찾지 못해 차가운 동그라미 밖으로 내몰릴 때의 쓰라림이 기억이 나는지.

자본주의와 산업 혁명이 본격화된 이상, 소유 제도를 둘러싼 논쟁은 더 이상 고상하고 품위 있는 철학 논쟁일 수 없다. 소유와 재산을 자기 마음대로 쓰고자 하는 '유산 계급'과 그것을 없애버리고자 하는 '무산 계급' 사이에 유혈을 무릅쓴 싸움이 시작되는 것이다. 이는 바로 다음 장에서 볼 사태다.

소유에 관하여 Of Property

　대지 그리고 인간보다 못한 모든 생물은 만인의 공유물이지만, 자신의 일신에 대한 소유권은 모두 그 본인에게 있으니 본인 이외의 어느 누구도 아무런 권리를 가질 수 없다. 그의 육체의 노동과 그가 손으로 하는 일은 온전히 그에게 속한다고 말할 수 있을 것이다. 자연이 공급한 채로 남아 있는 상태에서 그가 혹시 무엇이든 끄집어내어 자신의 노동을 섞어서 그의 것과 합쳐놓았다면 이를 통해 그것은 그의 소유가 된다. 그것을 공동의 자연 상태에서 끄집어낸 것이 그이기에, 그것은 그의 노동을 거치는 과정에서 다른 사람들의 공동의 권리를 배제할 무언가를 그것에다 병합한 셈이다. 왜냐하면 그 노동은 의심의 여지 없는 그 노동자의 소유이므로 그 노동이 결합된 것에 대해서는 다른 누구도 아닌 오직 그 노동자만이 어떠한 권리를 가질 수 있다. 최소한 다른 이들이 공동으로 쓸 수 있는 것이 아직 질적으로나 양적으로나 충분히 남아 있을 때는 분명히 그렇다고 할 수 있다.

　어떤 이가 공동에게 주어진 것들의 어느 부분을 자신의 것으로 전유하는데 다른 모든 이의 명시적인 동의를 반드시 얻어내야 한다고 치면, 아이들도 하인들도 그들의 아버지 혹은 주인이 그들에게 공동으로 내어준 고기를 모두에게 나누어준 뒤가 아니라면 아예 한 조각도 잘라 먹을 수 없을 것이다. 샘에 흐르는 물은 만인의 것이지만, 주전자 안에 든 물은 그 물을 샘에서 떠낸 이의 것이라는 점을 누가 의심할 수 있겠는가. 자연의 손에 있을 때는 만인의 것이어서 자연이 낳은 자녀들 모두에게 동등하게 귀속되지만 노동을 한 자는 그것을 자연의 손에서 떼어내어 그럼으로써 자신을 위해 전유하게 된다.

아마도 이러한 논지에 대해 다음과 같은 반대가 있을 것이다. 만약 도토리나 다른 대지의 과실 등의 것들을 그저 모으기만 함으로써 그것들에 대한 권리가 생긴다면, 누구든 양껏 자신의 것으로 긁어모을 수 있는 만큼을 모두 가질 수 있다는 말인가라고. 여기에 대해 나는 이렇게 대답한다. 그렇지 않다고. 앞에서 본 논리에 의해 우리에게 소유권을 부여한 바로 그 자연의 법칙은 또한 소유권을 제한하기도 한다……신은 우리에게 어느 만큼을 내어주었는가? 향유할 수 있는 만큼이다. 누구든 어떤 방식으로건 자신의 생활에 유용하게 쓸 수 있는 만큼은 그의 노동을 통해 소유권을 설정할 수 있다. 그리고 그것을 넘어서는 양은 그의 몫을 넘는 것인 셈이며 따라서 다른 이들에게 속한다. 신은 그 어떤 사물도 썩거나 부수어지라고 창조하지는 않은 것이다…….

하지만 주요한 소유물은 오늘날 대지의 과실들이나 대지의 산물을 먹고 사는 짐승들이 아니라 토지, 즉 자신 이외의 만물을 받아들여 품고 가는 토지 그 자체다. 나는 이 토지에 대한 소유권의 문제도 과실이나 짐승 들의 경우와 마찬가지로 획득되는 것이라고 생각한다……신은 모든 인류에게 이 세계를 공공의 것으로 주었을 때 또한 인간은 노동해야 한다고 명령했고, 인간은 세계 그 자체에서는 궁핍 상태에 있게 되므로 일을 하지 않을 수 없게 되었다.

신과 신의 이성은 인간에게 지구를 복속시키라고, 즉 그것을 삶의 혜택을 위해 개선improve하여 그것 위에다가 그 자신의 것인 어떤 것, 즉 그의 노동을 박아 넣으라고 명령했다. 그러한 신의 명령에 복종하여 세계의 어느 부분이든 복속시키고 경작하고 씨를 뿌린 자는 누구든 그의 소유인 어떤 것을 그 세계에 병합한 셈이기에 그 누구도 그것에 대해 권리를 가질 수 없으며 또 그에게서 그것을 빼앗아간다면 반드시 부정을 저지르는 것이 된다.

……여기에 덧붙여 말한다면, 노동을 통해 토지를 자신의 것으로 전유한 자는 인류의 공동 재산을 줄이는 것이 아니라 증가시킨다는 점이다. 왜냐하면 인간 생활에 기여하는 바로 따져볼 때 종획하고 경작된 1에이커의 토지가……토질은 같다고 해도 황무지인 채로 남겨진 1에이커의 토지가 산출하는 바의 열 배라고 진정 말할 수 있기 때문이다…….

또한 깊이 생각하지 않는다고 해도 그냥 보기에도 노동의 소유권이 토지 공동체보다 그 중요성이 크다는 점은 전혀 이상하지 않다. 모든 것에 가치의 차이를 낳는 것은 진정 노동이기 때문이다……인간 생활에 유용한 대지의 산물을 분석해보면 10분의 9는 노동이 낳은 결과라 해도 그것은 지극히 낮게 평가한 계산이라고 생각한다. 아니 우리가 사용하는 사물들을 제대로 평가하고 그것을 구성하는 몇 가지 비용을 계산해보아 그 중 어느 것이 순수하게 자연에서 비롯된 것이고 어느 것이 노동에서 비롯된 것인가를 보면 대부분 100분의 99는 전적으로 노동에서 비롯된 것으로 놓아야 한다.

—로크, 《정부론》 2부 5장 발췌

바뵈프주의 교리에 대한 바뵈프주의자들의 해석(1796)

1. 자연은 만인에게 자연의 모든 재화를 향유할 동일한 권리를 부여했다.

2. 그러한 평등성은 자연 상태에서는 종종 사악한 자들과 강한 자들에 의해 공격당한바, 사회의 목적은 그러한 평등성을 수호하는 것이며 또 보편적인 협동을 통하여 자연의 재화에 대한 공공의 향유를 증진하는 것이다.

3. 자연은 만인에게 노동의 의무를 부과했다. 이 임무를 피하려고 했던 자들은 누구나 그로 말미암아 범죄를 저지르고 말았다.

4. 모든 노동과 그 결실의 향유는 공동으로 이루어진다.

5. 어떤 이는 고된 노동으로 지쳐버리고도 모든 것이 모자라는데, 누군가는 아무런 일도 하지 않은 채 풍요 속에 헤엄친다면 이는 억압이 존재한다는 뜻이다.

6. 대지의 결실이나 산업의 결실을 오로지 자기만을 위해 전유하려 한 자는 누구나 그로 말미암아 범죄를 저지르고 말았다.

7. 진정한 사회에서는 부자도 가난한 자도 없다.

8. 궁핍한 이들을 위해 자신의 남아도는 재화를 기꺼이 포기하려 하지 않는 부자들은 인민의 적이다.

9. 그 누구도 이용 가능한 교육 수단을 모조리 축적해버림으로써 다른 이들이 자신의 행복에 필요한 지식의 기회를 얻지 못하게 만들어서는 안 된다. 지식의 기회는 모두가 공유해야 한다.

10. 프랑스 혁명의 목표는 불평등을 파괴하고 공공의 복지를 다시 확립하는 것이다.

11. 프랑스 혁명은 아직 완성되지 않았다. 부자들은 모든 재화를 빨아들이며 지휘권을 독점하는 반면 가난한 이들은 사실상의 노예제 상태에서 고역에 시달리기 때문이다. 이들은 비참한 상태에서 시들어가고 있으며 국가에서는 아무런 권력도 갖고 있지 못하다.

12. 1793년의 헌법만이 프랑스인의 진정한 법률이다. 인민이 엄숙하게 받아들이기로 서약한 것이 그것뿐이기 때문이다.

—A. 프라이드A. Fried · R. 샌더스R. Sanders 엮음, 《사회주의 사상사 : 주요 문서들Socialist Thought : A Documentary History》(1964)

제3장

산업 혁명 이후
─마르크스에서 베블런까지

1. 소유 제도의 홍역, 산업 혁명

산업 혁명이라는 말은 누구나 한 번쯤은 들어보았을 것이고 글로든 말로든 직접 써보기도 했을 것이다. 그런데 그 구체적인 의미라든가 이것이 인류 사회의 역사에 끼친 영향에 대해서는 누구도 정색하고 이야기하는 것을 보기가 쉽지 않다. 산업 혁명 하면 연상되는 것은 먼저 이런 것들이다. 증기 기관, 방직기와 방적기, 증기선과 기차 철도, 산업 노동자들과 계급 모순, 급격한 도시화와 노동 빈민들의 참상…… 그런데 이러한 사건들은 그저 '경제사'의 한 토막으로만 여겨질 뿐 인간 사회의 정치, 경제, 문화, 예술, 심지어 종교나 신화에까지 끼치게 된 영향이

방적기 모형

포괄적으로 논의되는 모습은 찾아보기 힘들다.

　산업 혁명으로 그 성격과 내용에서 가장 심각하고도 근원적인 변화를 겪은 사회 제도가 있다면 바로 소유 제도일 것이다. 1장에서 잠깐 논의했지만, '기술적 조건'이 변하면 그 내용과 성격이 완전히 판이해질 수밖에 없는 것이 소유 제도다. 현재의 기술 수준이라면 '가슴살 1파운드'까지는 몰라도 콩팥 한쪽이나 간 반쪽 정도는 얼마든지 죽이지 않고도 떼어낼 수 있다. 따라서 그 옛날의 샤일록은 법정에서 패가망신을 해야 했지만, '신체 포기 각서'를 휘두르는 오늘날의 조직 폭력배들은 법 제도만 살짝 손보면 얼마든지 존경받는 사업가로 번성할 수 있을 것이다.

산업 혁명의 경험이 인류의 생활에 미친 영향은 정치나 경제 등과 같은 '객관적' 제도만이 아니다. 인간 생활의 한가운데로 기계가 본격적으로 들어온 것은 인간의 정신세계와 사회적 무의식에도 깊은 영향을 주었다. 미국의 사상가 루이스 멈퍼드는 바로 이 기계 문명이 인간 문명의 정신적 차원에 끼친 영향을 집요하게 파고들어 《기계의 신화 The Myth of the Machine》라는 저서를 완성한 바 있다.

그렇다면 산업 혁명이라는 기술적 변화가 사회 체제에 가져온 변화는 어떤 것일까. 경제사가 폴라니Karl Polanyi는 그것을 다음과 같이 요약했다.

정교한 기계와 공장을 사용한다는 것은 이미 공장제의 발전을 전제하는 것이었고, 공장제의 발전과 더불어 상업과 산업의 관계에서 산업이 상대적으로 더 중요하게 되었다. 산업 생산은 더 이상 상인이 조직하는 상업의 판매 및 구매 계획에 딸려오는 부수적인 문제가 아니었다. 산업 생산은 이제 장기 투자와 그에 따른 위험을 내포하는 일이 되었다. 그런 종류의 위험을 떠안는 것은, 생산이 끊임없이 계속될 수 있다는 확신이 서지 않는 한 감당할 수 없는 일이었다.
하지만 산업 생산이 복잡해질수록 공급을 보장해야 할 산업 요소들의 종류도 늘어났다. 그중에서도 특히 중요한 요소는 노동, 토지, 화폐였다……그런데 노동 조직이라는 말은 보통 사람들의 삶의 형태를 가리키는 다른 이름에 지나지 않는다. 결국 위의 결론은 시장 경제 체제의 발전에는 사회 조직 자체의 변화가 수반된다는 것을 의미한다. 인간 사회는 이제 모든 면에서 경제 체제의 부속물이 되어 버렸다. (폴라니, 《거대한 전환The Great Transformation》 중에서)

산업 혁명으로 인간 사회의 산업 구조에 일어난 변화는 인간, 토지, 화폐와 같은 인간 사회의 가장 기본적인 구성 요소에서 시작해, 그 세 요소가 어우러져 구성되는 오만가지 사회적 제도와 존재 그리고 그 전체의 작동을 그 자체 논리에 몰아넣는 성격이었다. 그리고 폴라니가 강조하는바, 19세기 이후 최초로 나타난 산업 혁명과 산업 구조 변화의 '자체 논리'란 다름 아닌 시장 경제 체제였다. 여러 가지 가격 변동, 그에 따른 산업과 시장의 끊임없는 변화, 이를 반영한다고 여겨진 금융 시장의 부침 등은 단지 특정 개인이나 집단의 관심 사항이 아니라 전 사회 모든 이들의 경제적 안녕을 좌우하는 문제가 된 것이다. 아침저녁으로 일간지(경제 신문이 아니라도 좋다)를 펴보라. 비싼 지면을 몇 장씩 할애하며 온갖 회사의 주가 변동이 빼곡히 적혀 나온다. '전 국민이 관심을 기울일 가치가 있는' 뉴스라고 여겨지기 때문이다.

　이 상황에서의 사적 소유라는 것이 과연 산업 혁명 이전, 즉 아직 농업이 인간 사회의 주된 산업적 기초이던 시대의 사적 소유와 같은 의미일 수 있을까? 그 시절 가장 중요한 사적 소유 대상은 말할 것도 없이 토지였다. 이때는 소유자가 2장에서 본 인클로저처럼 다른 이들이 자신의 토지 사용에 일체의 간섭을 못하게 배타적으로 군다고 해도 그것이 사회 전체에 끼치는 파장은 어디까지나 토지 주변의 공동체에 한정되어 있었다. 그랬기에 그런 현상은 비록 수많은 도덕주의자들이나 전통 질서의 붕괴를 걱정하는 전통주의자들의 공격을 받기는 했겠지만 그 때문에 사회의 경제적 안녕 자체가 위협받는 정도는 아니었다. 그런데 기계, 그것도 산업 혁명 이후 인간 노동의 보조물이 아니라 오히려 인간을 자신의 보조물로 격하시키면서 명실상부하게 사회적 생산 활동의 중심에 서게 된 대규모 기계가 그러한 배타적인 사적 소유의 대상이 되면 어떤 일이 벌어질까.

기계가 있는 공장을 일터로 삼는 사람의 숫자는 말할 것도 없고 공장이 얼마나 활발하게 돌아가는가에 자신의 생계와 경제적 이익이 연결된 사람의 숫자까지 합쳐보면 이제 기계는 전 사회적 생산의 자산이라 하기에 부족함이 없다. 그런데 이것이 배타적인 사적 소유의 대상이 된다는 뜻은, 그 주인인 공장주가 자신의 뜻에 따라 기계를 어느 정도로 또 어떤 방식으로 사용할지를 결정할 권리를 독점한다는 말이 된다. 그리고 주인은 자신에게 충분한 금전적 보상, 즉 이윤이 따른다는 확신이 서지 않으면 아예 기계를 멈춰버릴 수도 있다.

이렇듯 18세기 끝 무렵에 일어난 산업 혁명이라는 대사건은 사적 소유를 둘러싼 사회적 조건과 산업 기술적 조건을 거의 '뽕밭이 바다로 바뀔〔桑田碧海〕' 만큼 근원적으로 바꾸어놓은 셈이다. 그렇다면 17세기에 존 로크가 외친 "신성불가침의 자연적 권리로서의 소유권"도 이러한 기술적 변화에 발맞추어 새로운 소유권 개념으로 발전했을까? 실제로 벌어진 양상은 그 정반대에 가까워서, 오히려 17세기적인 소유권 개념이 토지를 넘어 공장과 기계는 물론 고용된 노동자의 시간과 육체, 나아가 그 이름도 아리송한 각종 무형 자산들에까지 한없이 확장되기 시작했다.

제러미 벤담

물론 이를 정당화하는 논리까지 17세기의 그것과 똑같았던 것은 아니다. 19세기 들어 사적 소유의 절대성을 정당화하는 데 가장 큰 영향을 끼친 것은 벤담Jeremy Bentham의 공리주의 철학이었다. 그가 자신의 철학에서 추구한 기본 목적은 복잡하기로 악명 높은 영국의 법 제도를 정비할 수 있는, 누구도 부인할 수 없는 원리를 제시하는 것이었다. 그리고 그가 제시한 원리는 바로 '최대 다수의 최대 행복'이었다. 그 원리에 비추어볼 때 공적 소유보다는 사적 소유가 훨씬 유리하며, 그것도 불평등하게 배분된 사적 소유가 '최대 다수의 최대 행복'에 더 유리하다는 것이 벤담의 주장이었다. 비록 로크의 논리처럼 '자연 상태에서 비롯된 인간의 천부인권'이라는 신비한 아우라 대신 악착같은 쾌락과 고통의 측량과 계산이라는 대단히 산문적인 원칙에 근거하기는 했지만, 이것이 19세기의 영국인과 유럽인에게는 오히려 더 큰 설득력을 발휘할 수 있었다. 어떻게 보면 로크의 '자연권'에서 벤담의 '공리적 쾌락'으로의 진전 자체가, 산업 혁명 이후 기계가 전면에 등장한 세상의 변화를 반영한 것이라 하겠다.

서양 정신사를 거시적으로 보았을 때 19세기는 실로 질적인 변혁을 겪은 시기로, 특히 모든 '형이상학적 신념의 붕괴'라는 점에서 그러하다. 물론 18세기의 계몽주의 사상도 중요한 기능을 했지만, 무엇보다도 산업 혁명과 정치 혁명이라는, 자연 세계와 인간 세계에서의 근본적인 변화가 그 결정적 계기였을 것이다. 자연과 사회가 모두 인간의 이성과 실천에 의해 재조직될 수 있는 대상이라는 생각이 확증을 얻은 이상, 신이나 자연 혹은 섭리 등과 같은 초월적 존재에 근거한 세계관은 이 시대의 영악해진 사람들에게 큰 설득력을 갖기 힘들었을 것이다.

하지만 이렇게 사적 소유를 옹호하는 쪽에서 일어난 논리적 혁신의 폭은 그것을 공격하는 쪽의 그것에 비하면 그다지 길게 논의할 만큼 중요하지 않다. 토지가 아닌 대규모 기계의 사적 소유자들은 이제 '탐욕의 화신 자본가'라는 훨씬 험악한 이름으로 불리면서 수많은 이에게 증오와 공격의 대상이 되었기 때문이다. 자본가들을 지상에서 아예 소멸시켜야 한다고 생각한 사회주의자들 혹은 공산주의자들의 운동이 불길처럼 번지기 시작했으며, 이들의 공격 논리는 몇 십 년 전의 루소나 바뵈프에 비하면 환골탈태의 혁신을 겪었다고 할 수 있다. 개중에는 마르크스와 같은 열정적인 공산주의 혁명가도 있었고 베블런Thorstein Bunde Veblen 같은 냉소적인 문명 비평가도 있었다.

2. 마르크스―부르주아적 소유와 임노동자

인류의 지성사에 끼친 충격에 있어 마르크스(1818~1883)의 위치는 예수나 석가모니 같은 이들에 뒤떨어지지 않는다. 그런데 예수나 석가모니처럼 마르크스도 수많은 오해와 악용에 시달려왔으며, 그가 말하지도 않은 수많은 주장의 주창자로 떠받들어지거나 반대로 원흉으로 몰리기도 했다. 소유 제도에 대한 견해도 그러하다. 흔히 생각하듯 마르크스가 반대하고 폐지하려 한 것은 막연한 사적 소유 일반이 아니었다. 사적 소유 제도를 반대한 핵심역시 단순히 빈부 격차의 원인이 되기 때문이 아니었다. 따라서

카를 마르크스

그는 사적 소유 제도를 유지한 채 분배 체제를 개선하여 빈부 격차를 줄이는 것을 목표로 한 밀John Stuart Mill과 같은 온건한 '사회주의자' 들과는 근본적으로 다른 입장이었다. 게다가 흔히 오해되는 것처럼, 사적 소유를 모조리 국가 소유로 바꾸어 국가 기구에서 일률적으로 행하는 중앙 계획 경제로 대체한다는 것도 마르크스의 구상이라고 하기는 힘들다. 인류 지성사에서 마르크스만큼 좋고 싫음이 극렬하게 갈라지는 이도 드물지만, 어느 쪽이건 마르크스의 책들을 실제로 꼼꼼히 읽은 이가 무척 드문 것이 사실이다.

존 스튜어트 밀

마르크스는 근대 사회 사상사의 저수지와 같은 인물이다. 그 이전과 당대의 정치학, 경제학, 사회학 등과 같은 사회 연구는 물론 철학이나 역사학 등의 인문학에 이르기까지 서양 정신사의 거의 모든 주요 사상들은 이 지적인 거인에게 흘러들어 갔으며, 그의 거대한 머리(마르크스는 실제 체격에 비해 머리가 무척 컸다) 속에서 하나의 탄탄한 체계로 어우러져 흘러나온 그 사상은 다시 19세기와 20세기의 인문학과 사회 연구의 거의 모든 영역을 적시는 젖줄이 되었다. 따라서 배에 몸을 싣고 천천히 노를 저으며 그 거대한 저수지와 거기에 연결된 물줄기들을 제대로 탐색하지도 않고 그저 가장자리의 갈대 한 가닥을 뽑아내어 "이것이 바로 마르크스의 사상이다!"라고 찬양하거나 비판하는 것은 대단히 위험하다. 그러나 그것은 지난 150여 년간 충분히 벌어진 일이기도 하다. 이 글의 목적대로 사적 소유 제도라는 크고 중요한 주제에 대해 마르크스와 같은 대사상가가 생각하고 말한 바를 살펴보려면,

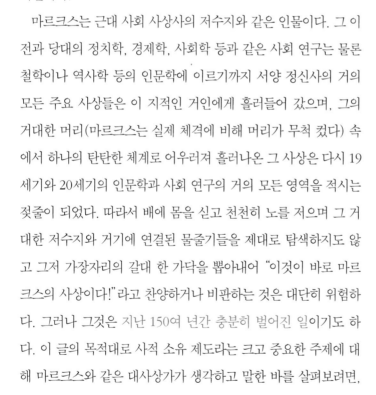

가장 극적인 사건을 하나 들겠다. 1860년대 이후 마르크스주의 철학과 정치경제학에 가장 큰 영향을 끼친 책의 하나로 프랑스 철학자 알튀세르의 《자본론 읽기Lire le Capital》라는 책이 있다. 그런데 알튀세르는 죽기 직전에 쓴 자서전에서 자신은 《자본론 Das Kapital》 1권도 제대로 읽지 않은 채 이 책을 썼으며, 그럼에도 프랑스의 어떤 학자도 이 점을 눈치 채지 못한 채 자신을 마르크스주의 철학의 대가로 추대하는 것을 재미있게 바라보았다고 털어놓았다.

그러한 단편적인 몇 가지 주장이나 구절보다는 그의 전 생애에 걸친 사상의 발전을 넓은 시각으로 보는 것이 중요하다.

인간 존재의 핵심이자 생명의 정수—노동

마르크스가 그의 지적 이력을 시작한 1830년대 말과 1840년대 초까지는 그를 사회주의자라든가 공산주의자라고 볼 수는 없었다. 그저 급진적인 정치 제도의 변화를 통해 모든 신분과 계급을 넘어서서 만인의 자유와 평등을 실질적으로 수립한다는, 프랑스 혁명기에 제출된 급진적 민주주의를 희구하는 이상주의자 정도였다. 마르크스의 독창적인 사회주의 사상이 형성되는 것을 보려면 그가 프랑스 파리에서 망명 중이던 1844년에 자신의 생각을 정리하면서 쓴 《경제학-철학 초고Ökonomisch-philosophische Manuskripte *von 1844*》까지 기다려야 한다.

당시 26세의 젊은 청년이던 마르크스는 이미 헤스Moses Hess 나 프루동Joseph Proudhon 같은 이들이 사적 소유 제도야말로 모든 인간 사회의 불평등의 근원이라고 비판한 주장들을 잘 알고 있었다. 하지만 마르크스는 그들처럼 플라톤 이후 루소와 바뵈프를 걸쳐 내려온 해묵은 주장을 그대로 되풀이하지 않았다. 단순히 사적 소유 제도 때문에 가진 자와 못 가진 자의 구별이 생겨나고 그것이 사회적 불평등의 원인이 된다는 주장은, 산업과 기술 수준이 상대적으로 단순했던 전통적인 농경 사회라는 배경하에 생겨난 것이었다. 따라서 이는 젊은 마르크스가 대면한 산업 혁명 초기의 유럽 사회에서 사적 소유 제도와 그에 관련된 사회적 불평등이 어떤 의미인지를 충분히 설명하는 데 한계가 있었다. 그렇다면 마르크스는 새로운 시대에 새로운 의미와 중요성을 띠게 된 사적 소유 제도를 좀 더 근원적으로 분석하고 이해하기 위해 어떤 출발점을 택했을까? 그것은 조금 엉뚱하게도 '인간의 노동'이라는 개념이었다.

1844년에 마르크스는 이후 평생 그의 동지이자 벗이 될 엥겔스 Friedrich Engels가 쓴《영국 노동 계급의 상태*Die Lage der arbeitenden Klasse in England*》를 읽고 심한 충격에 휩싸인다. 흔히 오해되는 것과 달리, 마르크스가 산업 자본주의에 대해 진정으로 괴로워하고 분노한 것은 노동자들이 단순히 헐벗고 굶주린다는 좁은 의미에서의 '경제적' 궁핍이 아니었다. 약관의 청년 엥겔스가 자신의 책에서 생생하게 묘사한 당시 영국 맨체스터 공단 지역 노

프리드리히 엥겔스

이 참상을 묘사하는 것은 제한된 지면으로는 불가능하며, 지면이 풍부하다고 해도 인간이 겪은 고통이라는 것은 요약해서 말할 수 있는 성격의 문제가 아니다. 엥겔스의 《영국 노동 계급의 상태》는 이 문제에 관한 고전이므로 일독을 권한다.

동자들의 현실은 이것이 과연 '인간으로 존재한다고 볼 수 있는 상태' 인가를 의심하게 하는 것이었다.

인간은 단순히 숨을 쉬고 팔다리를 움직이고 눈, 코, 입, 귀를 놀릴 수 있다 해서 살아 있는 상태라고 할 수는 없다. 인간도 고양이나 기린처럼 하나의 종(種)을 이루는 동물이다. 고양이가 야옹하고 울고 기린이 목을 빼 나뭇잎을 훑어내는 것이 고양이와 기린의 '자연스러운' 존재 양태이듯, 인간의 '자연스러운' 존재 상태도 그 유적 존재(類的存在, Gattungswesen)로서의 모습에서 찾아져야 한다. 그렇다면 야옹 소리나 긴 목에 맞먹는 인간의 특징은 무엇일까? 그것은 인간이 함께 무리지어 자연을 재창조하는 존재, 즉 집단적 차원에서의 '노동하는 존재' 라는 것이다. 물론 모든 동물은 먹고 자고 생존하기 위해 어떤 형태로든 자신의 환경을 바꾸어놓는다. 또한 대단히 정교하고 아름다운 모양의 벌집을 만드는 꿀벌들의 경우처럼, 그 노동은 개별이 아닌 아주 큰 단위의 집단적 성격을 띠거나 상당히 복잡한 경지에 오르기도 한다. 하지만 전체 성원이 공유하는 공동의 문화적 · 지적 자산을 동원하고 토론해 이성적 · 미학적 · 경제적 차원에서 총체적으로 자연을 자신들의 뜻에 맞게 재창조하는 노동은 인간에게서만 발견된다는 것이 마르크스의 믿음이었다.

칸트가 《판단력 비판Kritik der Urteilskraft》에서 말한바, 무수한 육각형이 겹쳐져 이루어진 벌집의 모습은 경이롭도록 아름답지만 꿀벌은 미학적 동기로 그것을 디자인한 것이 아니다. 꿀은 '신혼부부의 사랑처럼' 달콤하지만 꿀벌이 그들의 사랑을 염두에 두고 달콤한 꿀을 만들지는 않는다. 그들의 활동은 그들이 집단적으로 공유하는 정신적·물질적 문화에 따라 이성적·미학적 성찰에 근거해 이루어지는 것이 아니라 즉자적이고 본능적으로 이루어질 뿐이다. 하지만 사람은 다르다. 영화 〈반지의 제왕〉에 나오는 호빗족은 동그란 문이 달린 집을 좋아하며(물론 굳이 따지면 사람은 아니다) 조선시대 사람들은 뜨끈한 온돌방에 엉덩이와 배를 깔고 지지는 것을 좋아한다. 몽골의 신혼부부는 꿀이 아니라 마유

구스타브 폴 도레가 그린 산업
혁명 당시의 런던(1870)

주(馬乳酒)를 달콤하게 마시고, 아프리카의 원주민 청춘남녀는 초콜릿을 끓여 마시고 사랑의 춤을 춘다. 이처럼 지구 곳곳에 퍼진 저마다 나름의 의미가 있는 다양한 문화와 모습으로 인간은 끊임없이 활동을 해나가며, 그러면서 지구와 자연도 변화해나간다. 또한 그 과정에서 인간은 원숭이나 호랑이와는 다른, 독특한 문화와 인간성을 체현한 인간적 존재로 발전해나가는 것이다.

그런데 산업 혁명이 벌어진 19세기의 노동자들은 어떠한가. 이들의 활동은 전혀 인간의 그것으로 볼 수 없다. 이들은 자신들이 생각해내고 디자인한 아이디어에 따라 생산물을 만들어내는 것이 아니라 자신들을 고용한 고용주들이 시키는 대로 팔다리를 놀리는 것뿐이다. 따라서 공장에서 일하는 순간순간이 그저 지겹고 견디기 힘들 뿐이다. 그리고 공들여 일한다 해서 그 생산물이 자신들의 것이 되는 것도 아니니 그들이 일터에 애정을 가지는 것도 우스운 일이다. 고된 일이 끝난 뒤 이들에게 주어지는 것이라고는 간신히 얼어 죽거나 굶어 죽지 않을 만큼의 품삯뿐이다. 사람이 자신의 인간적 특성을 발현할 기회인 노동이 이처럼 목숨을 부지하기 위한 억지 부역으로 바뀌었으니, 공장 밖으로 나온 이들이 인간적인 모습을 갖추고 있을 리 없다. 최소한의 의식주를 해결하고 남은 돈 몇 푼으로 이들이 하는 일이라고는 도박이나 술주정이 고작이고, 끔찍한 범죄자로 타락해가는 삶을 영위하는 모습도 드물지 않다.

마르크스 사상의 꽃—생산 수단의 사적 소유에서 역사적 유물론으로

도대체 어째서 이러한 사태가 벌어졌을까. 바로 '생산 수단의 사적 소유' 때문이다. 물론 사적 소유란 까마득한 옛날부터 있었으며 가진 자와 못 가진 자의 갈등 역시 그러했을 터이다. 하지만 마르크스가 제기한 문제는 여느 사적 소유가 아닌, 사회 전체의 생산 활동에 반드시 필요한 생산 수단을 몇몇 개인이 소유해버리는 사태다. 앞집 녀석이 우리 마을에 한 대밖에 없는 피아노를 자기 것이라며 만지지도 못하게 한다면 풀피리나 불면 된다. 뒷집 아주머니가 자기네 집에 있는 에스프레소 만드는 기계를 빌려주지 않으면 인스턴트커피로 때우면 된다.

그런데 마을 전체가 먹고사는 데 꼭 필요한 논밭을 누군가가 자기 것이라며 울타리를 치고서는, 누구든 허락 없이는 낫이건 호미건 댈 생각도 말라고 으름장을 놓으면 어떡해야 하는가. 겁 없는 몇몇은 그 건방진 놈부터 낫과 호미로 으름장을 놓겠다고 나서기도 하겠지만, 금세 그가 거느린 부하들의 압도적인 몽둥이세례에 치도곤만 당하고 만다. 결국 우리 모두는 그에게 엎드려서 "주인님, 우리에게 땅을 경작하게만 해주신다면 무엇이든 바치겠나이다"라고 비는 수밖에 없다. 그러지 않으면 아무런 노동도 할 수 없고, 그것은 곧 정신적으로든 육체적으로든 우리가 가진 인간적인 능력을 무엇 하나 제대로 발현할 수 없게 된다는 뜻이기 때문이다.

여기서 마르크스는 인간 사회는 크게 생산 수단을 소유한 자들

의 집단과 그렇지 못한 자들의 집단으로 나뉜다는 원리를 제시한다. 이는 단순히 더 많거나 적게 가진 자들 사이의 불평등이 아니다. 덜 먹고 덜 쓴다고 해결될 일이 아닌 것이다. 생산 수단을 갖지 못한 자들은 그것을 가진 자들 앞에 무릎을 꿇고 종속될 수밖에 없다. 이렇게 '생산 수단의 소유 여부'를 놓고 갈라지는 인간 집단을 마르크스는 '계급class'이라고 불렀다. 물론 이 계급은 덜 가지고 더 가졌다는 단순한 의미에서의 '불평등한' 관계를 뜻하지 않는다. 노동하는 존재로서의 인간성을 확인하려면 어쩔 수 없이 한쪽이 다른 쪽에 일방적으로 무릎을 꿇어야 하는, 체계적이고 조직적인 권력의 서열 관계를 뜻한다.

그렇다면 이 생산 수단의 사적 소유라는 현상은 인간의 역사 어느 시대, 어느 곳에서나 동일한 양태로 나타났는가? 마르크스는 물론 그렇지 않다고 힘주어 말한다. 아울러 그는 그것이 시대와 장소에 따라 어떻게 달라지는가가 그 사회의 기본 성격을 전반적으로 규정한다고 주장했다. 이 이론을 역사적 유물론historical materialism이라 하는데, 이는 마르크스의 가장 독창적인 업적 가운데 하나다. 1장에서 보았듯 소유라는 현상은 '사적 소유냐 공적 소유냐'라는 일차원의 잣대로 그 성격을 파악할 수 있을 만큼 단순하지 않다. 얼마만큼 어떤 방식으로 타인의 배제 혹은 접근을 허락할 것인가, 소유의 대상물이 되는 것의 성격은 무엇인가, 그리고 이를 둘러싼 사회적·기술적 조건과의 관계는 어떠한가 등의 복잡한 문제가 얽히고설키는 것이 소유 제도의 내용이다. 그러므로 생산 수단의 소유 여부를 놓고 인간 사회 내부가 두 집단으로 갈라지는 것은 계급 사회 전반에 보편적으로 해당된다 해도, 그 소유의 방법과 양상에 따라 각 집단이 서로를 규정하거나 한쪽이 다른 쪽을 지배하는 구체적인 방식은 모두 달라지게 마련이다.

부르주아적 소유, 어떻게 해결할 것인가

그렇다면 마르크스가 살던 19세기 산업 자본주의의 사적 소유 제도(마르크스는 "부르주아적 소유"라는 말을 사용했다)는 그 이전의 봉건적인 소유 제도와 어떤 차이가 있었을까? 그것은 생산 수단을 직접 사용하는, 즉 실제로 일하는 사람들을 생산 수단에서 완전히 배제해버린다는 데 있었다. 로크의 사상이 나오기 이전의 영국 농촌에서 벌어진 변화, 특히 인클로저라는 사건을 기억해보라. 봉건제 시절에는 비록 영주가 장원의 주인으로서 농노들이 생산한 것들을 수취하기는 했지만, 오늘날과 같은 의미에서 그 장원의 땅이 영주의 개인 재산이었다고 할 수는 없다. 농노들은 일정한 땅에 일정한 농작물을 경작할 권리를 관습적으로 인정받았다. 그런데 로크가 정당화하려 한 '부르주아적 사적 소유'가 나타나면서, 땅주인은 자기 땅을 '배타적으로' 소유할 수 있게 되었고 농노들은 꼼짝없이 쫓겨나야 했다. 물론 다시 자기 땅으로 돌아와서 일을 할 수도 있다. 하지만 더 이상 '일정한 권리를 관습적으로 인정받는' 농노로서가 아니다. 그것은 어디까지나 자신의 노동 능력을 상품으로 만들어, 일정한 임금을 받고 그것을 파는 '임노동자wage-laborer'로서 돌아오는 것이다.

이 가혹한 부르주아적 소유가 이제 산업 혁명 이후 벌어진 기계

여기에서 마르크스가 인간 존재의 핵심이자 생명의 정수라고 본 노동 능력의 양도alienation가 일어난다. 마르크스는 노동자가 생존하기 위해 자신의 생명과도 같은 노동 능력을 푼돈의 임금을 받고 팔게 되는 사태를 설명하기 위해 《구약 성서》에 나오는 유명한 사건을 비유로 들었다. 이삭의 아들 에서가 사냥에서 돌아와 배가 고픈 나머지 동생 야곱에게 팥죽 한 그릇을 넘겨받고 맏아들로서의 권리를 양도해버린 내용이 그것이다.

제 생산과 만나게 되었다. 엄청난 양의 원료와 노동자를 빨아들여 생산물을 쏟아내는 거대한 기계들은 이제 사회 전체의 물질적 안녕에 중대한 영향을 끼치는 존재지만, 동시에 그 기계는 그것을 소유한 산업 자본가 한 사람이 책상이나 일기장처럼 배타적으로 소유하는 개인의 사적 소유물이다. 그래서 실제로 기계에 매달려 일을 하게 될 노동자들은, 사실 그 기계와도 그리고 기계를 통해 벌어지게 될 노동 과정은 물론 최종 생산물과도 아무런 상관이 없다. 노동자들은 이삭의 맏아들 에서가 팥죽 한 그릇을 먹기 위해 맏아들로서의 모든 권리를 팔아버린 것처럼, 그저 자신이 먹고살

돈을 마련하기 위해 기계가 돌아가는 데 필수불가결인 자신의 노동력을 상품으로 만들어 팔아버림으로써 기계의 부속물이 되고 만다. 이것이 앞에서 본 것처럼 '인간 이하의 존재'로 퇴락해버린 채 전 유럽의 공업 지역을 메우고 우르르 몰려다니는 '프롤레타리아(무산 계급)'라는 새로운 존재가 나타나게 된 연유다.

이렇듯 마르크스의 사적 소유에 대한 비판은 인간의 전 역사와 인간 존재의 본질이라는 철학적이고 인류학적인 문제, 그리고 특정 사회에서의 생산 수단 소유를 둘러싼 복잡한 정치적·법적·경제적 관계 등을 모두 포괄하는 심오한 체계를 이루고 있다. 하지만 그 메시지는 무척이나 간단하고도 분명하다. 즉 부르주아적 사적 소유의 시대, 그것도 그 주요한 생산 수단의 형태가 대규모 기계가 되어버린 산업 혁명의 시대에, 기계에 대한 사적 소유는 그 기계로 일하는 노동자들을 인간 이하의 존재로 만들어가며 정신적·육체적으로 지배하는 무시무시한 권력이 되어버렸다는 것이다. 따라서 마르크스가 주장하는 해결책도 모호하고 추상적인 사적 소유 일반의 폐지가 아니다. 기계제 생산과 결합된 생산 수단의 사적 소유, 즉 사회적 생산의 핵심인 대규모 생산 설비가 '자본'이 되어 자본가의 배타적인 사적 소유물이 되어버리는 자본주의의 독특한 형태인 사적 소유를, 공동체 전체에 의한 공동  국가 소유와 똑같은 말이 아님을 주의하자. 소유로 대체하자는 것이 마르크스의 해결책이다. 그렇게 함으로써 그는 인간의 집단적인 노동 행위가 '자본'과 '임노동'으로 찢어져 각각 불구가 되는 사태를 근원적으로 폐지할 수 있으리라고 보았다.

3. 베블런과 부재 소유자들

2차 산업 혁명과 날강도 귀족

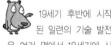

마르크스의 정치 경제학 연구는 1844년경에 시작되었고, 그 결정판이라고 할 《자본론》 1권은 1867년에 출간되었다. 이어 2, 3권과 원래 《자본론》 4권으로 구성되었던 《잉여가치학설사 Theorien über den Mehrwert》가 출간되었지만 집필 시기는 모두 1867년 이전이었다.

19세기 후반에 시작된 일련의 기술 발전은 여러 면에서 18세기에 시작된 '1차 산업 혁명'을 바꾸어놓았다. 첫째, 동력이 석탄이 아닌 석유로 전환되었고 이에 따라 동력 기관도 외연식에서 내연식으로 바뀌어갔다. 둘째, 기술 혁신의 초점은 철강, 화학, 고무 등 새로운 소재를 생산하는 차원으로 심화되었다. 셋째, 이러한 전환은 최초의 원자재부터 최종 생산물까지 연결되는 소위 우회 생산의 기술적 과정을 그 이전보다 극적으로 길고 복잡하게 만들었으며, 이는 훨씬 큰 규모의 자본 조달은 물론 사회 구조 전체의 합리적 재구조화를 요구하게 되었다.

마르크스는 이후 자본주의의 소유 제도를 반대하는 이들에게 가장 중요한 영감의 원천이 되었다. 그런데 마르크스가 몸소 살며 관찰한 자본주의란 19세기 중반의 영국 사회가 모델이었지만, 이러한 자본주의는 사실 산업 혁명 직후 아직 발아(發芽) 상태에 불과한 것이었다. 산업의 규모도 그리 크지 않았고 현대 자본주의의 전형적인 기업 형태인 주식회사도 보편적으로 확산되지 않은 상태였다. 또한 비록 임노동자들은 자본가들이 베푸는 일자리와 임금에 절대적으로 종속되어 있기는 했지만, 사회 전체적으로는 자본주의 이전의 전통적인 사회 구조와 농업 부문이 강하게 남아 있었기에 아직 자본의 권력이 사회 전체에 미쳤다고 하기는 힘들었다.

베블런(1857~1929)이 살면서 관찰한, 19세기에서 20세기로 전환하는 기간의 미국 자본주의는 그에 비하면 현대 자본주의에 훨씬 근접한 모습이었다. 먼저 산업 혁명은 처음 시작된 18세기보다 훨씬 큰 규모의 '2차 산업 혁명Second Industrial Revolution'으로 발전하고 있었다. 남북 전쟁이 끝난 뒤 카네기Andrew Carnegie, 밴더빌트Cornelius Vanderbilt 등의 신흥 자본가들은 철도, 철강, 석유 등 2차 산업 혁명의 총아가 되는 산업들을 주도하는 가운데 상상을 초월하는 온갖 불법, 탈법의 수단을 동원했고 그 결과 역시 상상을 초월하는 액수의 재산을 거머쥐었다. 이 '날강도 귀족들robber barons'은 그리하여 노동자들의 저항 따위는

가볍게 짓눌러버리고 사회 전체와 국가, 나아가 법률 체제의 운영 마저 좌지우지하는 절대 권력을 움켜쥐었다.

이 과정에서 기업의 소유와 지배 구조에도 중대한 변화가 일어 났다. 마르크스가 《자본론》 2권에서 염두에 두었음직한 19세기 중반 영국 맨체스터의 섬유 회사를 먼저 생각해보자. 이 회사의 공장은 회사 소유자의 개인 재산으로 설립되었다. 설립하고 나서 보니 노동자를 고용하고 원재료를 구입해올 돈이 모자랐다. 맡은 주문 물량을 채우기만 하면 다음 달에 큰돈이 들어오는데 하필 지금 자금이 막힌 것이다. 사장은 상업은행을 잘 설득해 석 달 후에 갚기로 하고 당장 필요한 사업자금을 꾸고, 그것으로 상업 어음을 발행해 위기를 넘긴다. 이때 이 회사에서 사장의 존재는 실로 절대적이다. 그는 매일매일 출근해 공장이 제대로 굴러가는지 감독하는 공장장 역할은 물론 자금 등의 모든 문제를 총괄하여 해결하는 실제 경영자의 임무를 맡기 때문이다. 게다가 회사의 공장과 기계, 그리고 노동자들의 임금과 원자재 등의 자산 대부분은 그의 '개인' 소유다. 비록 은행에서 돈을 꾸어오기는 했지만 이는 어디까지나 이자 혹은 어음 할인을 대가로 잠시 빌린 것일 뿐, 돈을 갚지 못하게 되기 전까지는 은행이 그것들에 대해 어떠한 소유권도 가지고 있지 않다.

소스타인 번드 베블런

20세기 초의 미국―독점 자본주의의 쥐라기 공원

그렇다면 베블런이 본 20세기 초의 미국 기업들은 어떤 모습이었을까? 먼저 꼽을 수 있는 특징은 이들이 어제까지는 여러 채의 개별적인 회사였다가 가지가지 방법으로 뭉쳐져 하나로 만들어진 독점체라는 점이다. 이상하게 들리겠지만 미국 자본주의하의 기업들에게 '경쟁'은 반드시 피해야 할 질병 같은 것이었다. 만일 경제학 교과서에 나오듯 같은 산업에 무수히 많은 기업이 병존하면서 서로 경쟁한다면, 가격 경쟁이 끊이지 않을 것이고 그 결과 가격은 제조 원가에 근접하도록 떨어질 것이다. 그야말로 손에 떨어지는 이윤이 별로 없게 된다. 따라서 기업들은 조만간 머리를 맞대고 가격을 일정 수준 이상으로 유지하도록 담합하는 관계로 발전하게 된다.

　이러한 가격 담합체로 뭉쳐 서로 어깨를 겯기 시작한 이들은 곧 원료 구입이라든가 판매처 개발, 나아가 적대적 관계에 있는 다른 업종에 대한 대응 등 공동의 문제를 해결하기 위한 더 높은 단계의 독점체로 계속해서 관계를 강화해나간다. 물론 이러한 독점체로 뭉치는 과정이 항상 화기애애한 것은 아니어서, 거물 기업 몇 채가 싸움을 벌이기도 하고 몇몇 '잔챙이'들이 끝까지 저항하기도 한다. 그래서 '적대적 기업 인수hostile takeover-bid'니 하는 여러 방법이 개발된다. 그러다 보면 결국 하나의 업종 전체가 '산업의 거물captain of industry' 휘하의 거대한 단일 독점체로 조직되고, 각각 독립되어 있던 회사들은 독점체를 이루는 부속물로, 회사들의 주인들은 그 독점체의 수익 일부를 가질 수 있게 유가 증권을 얼마간 소유하는 이들로 축소되는 일이 벌어진다.

　조금 지나면 더 기상천외한 일이 벌어진다. 원래 '뛰는 놈'을 때려잡는 '나는 놈'이 나오면, 삼차원을 역전해 다시 그를 때려잡

어느 회사는 사업의 필요상 다른 회사의 주식을 사들여 인수를 꾀할 수 있다. 이때 그 회사가 인수 대상인 회사의 이사회에 자신의 인수 의도를 미리 알려주고, 이에 이사회가 그것이 자신들 회사의 주주들에게도 이익이 되리라 판단해 주주 총회에 인수 합병M&A을 권고할 경우, 이것은 '우호적 기업 인수'가 된다. 반면 이사회가 부정적인 판단을 내렸음에도 그 회사의 인수를 계속한다든가 아예 인수 의도를 알리지조차 않는 경우를 '적대적 기업 인수'라고 한다.

는 '기는 놈'이 나오게 마련이다. 어제의 개별 기업들을 싹쓸이함으로써 무소불위의 공룡으로 변한 산업의 거물들을 때려잡는 새로운 존재가 출현했으니, 베블런은 이들을 "금융의 거물들captains of liquidity"이라 불렀다. 동종 업계에서 업계의 거물들이 자신들의 독점적 위치와 이윤을 강화하고 시장을 장악해 지배하기 위해 벌인 각종 행태가, 개별 업계를 넘어 나라 경제 전체 또는 레닌V. I. Lenin이나 홉슨J. A. Hobson이 지적하는 대로 아예 지구적 차원에서 벌어지지 말라는 법은 없다. 그 행태들은 물론 법의 테두리에 갇힐 필요가 없고 필요하다면 아예 법이나 제도를 새로 만들어버릴 수도 있는 것이지만, 그 정도로 일을 벌이는 데 성패의 결정적 열쇠가 되는 것은 얼마나 큰 뭉치의 자금을 동원할 수 있는 가인 것이다. 따라서 이제는 그만큼의 뭉칫돈을 동원할 수 있는 금융의 거물들이 산업의 거물들을 마음대로 지배하고 요리하면서, 필요에 따라서는 독점 조직의 전체 혹은 아주 세분화된 일부를 이리저리 팔기도 하고 없애버릴 수도 있는 지배력, 즉 소유권을 가지게 되었다.

마르크스가 본 19세기 중반의 세계는 기껏 호랑이나 사자 정도 규모의 맹수들이 나무와 수풀 사이를 뛰어다니며 노동자라는 초

식 동물들의 고기를 얻으려고 아귀다툼을 벌이는 '경쟁 자본주의'의 시대였다고 할 수 있다. 그런데 베블런이 본 20세기 벽두의 미국 자본주의는 공룡, 아니 고질라 같은 초거대 괴수들이 웬만한 작은 나무는 통째로 짓밟아버리면서 초식 동물이든 육식 동물이든 뱀이든 전갈이든 상관없이 모조리 삼켜버리는 주라기 공원, 즉 '독점 자본주의' 시대의 모습이었다. 어떻게 마르크스가 죽은 지 20년도 채 되지 않아 이토록 극적인 변화가 벌어질 수 있었을까? 마르크스는 미래의 변화 추세를 읽어내는 예지력에서만큼은 누구도 따라오기 힘든 이가 아니었던가?

그 변화의 결정적인 열쇠는 바로 '소유권의 분할'이라는 발명에 있었다. 이제 소유권은 '자연수'의 단계를 넘어 '유리수' 차원으로 넘어간 것이다. 프랑스 소설가 뒤마Alexandre Dumas의 유명한 소설《삼총사*Les Trois Mousquetaires*》에는 이 소유권의 분할을 다룬 재미있는 일화가 나온다. 귀족 출신 총사 아토스는 빈털터리가 된데다 부상까지 당한 채 어느 시골 여관에 꼼짝없이 발이 묶인다. 지루함에 몸부림치던 아토스는 결국 옆방의 스페인 신사에게 노름을 제안하지만 판돈이 없다. 아토스가 가진 것이라고는 그의 충직한 하인뿐. 결국 아토스는 하인의 소유권을 걸고 노름을 시작하지만 한 판에 걸어버리기에는 너무 큰 덩어리다. 그래서 아토스와 스페인 신사는 하인의 소유권을 다섯 쪽으로

모리스 를루아르가 그린 《삼총사》 삽화

물론 주식회사joint-
stock company 제도
자체의 역사는 훨씬 오래된
것으로 16세기 이전, 최소한
17세기 초의 영국 동인도회사
로 소급할 수 있다. 따라서 주
식을 사고파는 주식 거래소의
역사도 그만큼 거슬러 올라갈
수 있으며 마르크스가 살던
시대에도 분명히 존재했다. 하
지만 주식회사의 법적 형태인
법인corporation은 봉건적 특
권의 산물로 여겨졌기에 그
폭과 깊이는 특정 업종이나
업체에만 제한된 상태였다. 즉
자연적으로는 있을 수 없는
일이지만 왕이나 황제의 은총
으로 특별히 허용되는 것이
법인이요 주식회사라고 여겨
진 것이다. 따라서 이전까지
봉건제와 같은 제도가 전무하
던 미국에서 법인 주식 기업
이라는 조직 형태를 모든 영
리 기업business enterprise
의 일반 형태로 보편화하는
최초의 혁신이 벌어진 것은
우연이라고 할 수 없다.

신디케이트는 기업 독
점 형태의 하나로, 몇
개의 기업이 공동 판매소를 두
고 판매를 하는 것이다. 은행
신디케이트는 공채, 사채 등의
유가 증권을 인수하기 위해 조
직된 금융 기관 연합체를 말
한다.

나누어 그 하나하나를 판돈으로 삼아 노름을 한다는 아이디어를
짜낸다. 나중에 아토스에게서 이 이야기를 들은 다르타냥은 이
'기상천외한' 생각에 배를 쥐고 웃는다.

이렇게 어떤 대상에 대한 소유권을 여러 개로 나누어 그 각각
을 판매한다는 생각이 최소한 뒤마가 이 글을 쓰던 19세기 중반
의 프랑스인들에게는 기상천외하게 들렸는지 모른다. 하지만 그
생각을 자연스러운 것으로 여겨 제도화한 것이 바로 주식 시장을
필두로 한 현대의 각종 금융 시장이라고 해도 과언은 아니다. 그
리고 그 가장 중요한 모태는 베블런이 살던 시대의 미국이었다.
회사란 기계, 노동자, 원자재 등과 같은 구체적인 유형의 생산 요
소들로 구성된 실체가 아닌가? 따라서 내가 이 회사를 '소유한
다'고 할 때의 의미도 그러한 구체적인 유형의 생산 요소들을 대
상으로 하는 구체적인 의미인 것이 당연하다. 그런데 그 회사에
대한 소유권을 마치 어음이나 수표와 같은 신용 증서처럼 하나의
추상적인 법적 청구권으로 만들어버리고, 다시 그것을 일정한 조
건과 절차만 거치면 얼마든지 잘게 쪼개어 한 조각 한 조각을 돈
을 주고 팔 수 있게 한 것이 바로 당시의 미국인들이 전면화한 일
이었다.

이는 비단 주식에만 해당되는 일이 아니다. 담보 없이 발행하는
장기 채권은 말할 것도 없고 채권 소유자나 은행 신디케이트 같은
경우도 기업의 의사 결정에 막대한 영향력을 행사할 수 있다는 점
에서 소유자의 일부라고 하기에 부족함이 없다. 개별 기업이 합쳐
져서 업계의 거물이라는 공룡을 낳고, 다시 그 공룡들을 한입에

그리고 한주먹에 해치우는 금융의 거물들을 낳게 된 것은 바로 이러한 소유권의 분할과 상품화가 전면화된 현대의 금융 제도라는 기반이 있었기에 가능했다.

부재 소유—시대착오적인 소유 관념의 결과

따지고 보면 인간 사회의 제도와 관행 중 호랑이 담뱃대만큼 오래된 것이 몇이나 되겠는가. 연원이 어떠하든 현재로서는 현대 금융 시장에서 거래되는 소유권을 하나의 규범으로 인정해야 할지도 모른다. 하지만 베블런이 강조한바, 최소한 이러한 소유권은 로크가 말했듯이 소유권자가 "자신의 노동을 직접 자연과 섞어 넣음으로써" 만들어낸 것들에 대해 갖는 것과 같은 자연법적 권리 Natural Right로서의 소유권과는 종류가 전혀 다르다. 그렇다면 이 새로운 종류의 소유권은 어떠한 소유권인가? 베블런은 이를 "부재 소유Absentee Ownership"라고 부른다.

농촌에서 자란 독자라면 '부재 지주'라는 말을 잘 알 것이다. 예를 들어 산기슭 냇가에 좋은 논이 있는데, 그 주인은 도시 어딘가에서 약국을 경영하는 중년 여성으로, 철마다 소작인들에게 지주로서 이것저것 받아 챙길 뿐 농사일은 전혀 모르며 거머리에 물려본 적도 없다. 이 여성은 로크의 말처럼 "자신의 노동을 직접 섞어 넣어" 그 땅을 개간한 것도 아니고 그곳에 살며 그 땅에 대한 자신의 소유권을 주장하는 것도 아니다. 그저 일제 강점기 혹은 그 전이나 후 언젠가부터 집안 대대로 내려온 그 토지에 대한 소유의 특권을 상속했을 뿐이다.

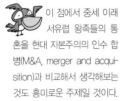

이 점에서 중세 이래 서유럽 왕족들의 통혼을 현대 자본주의의 인수 합병(M&A, merger and acquisition)과 비교해서 생각해보는 것도 흥미로운 주제일 것이다.

비슷한 예가 또 있으니, 베블런이 "부재 군주Absentee Prince"라고 부른 이들이다. 중세 이후 유럽의 왕족과 귀족들은 자신들의 권력과 영토를 불리기 위한 동맹의 방법으로 서로간의 통혼을 사용했다. 그렇게 되면 통혼의 결과로 태어나는 자식은 양가의 영지를 모두 상속하게 된다. 그런데 그 영지들은 한군데 몰려 있는 것이 아니라 유럽 전역에 흩어져 있게 마련이었다. 근대 초기에 가장 큰 영지를 가졌고, 그래서 한때 아예 유럽을 자신의 제국으로 통일하는 꿈까지 꾼 합스부르크Habsburg 왕조의 카를Karl 5세는 군주로서 가지고 있는 이름이 수십 가지였지만 그 각각에 해당

하는 영지는 완전히 조각조각에 가까웠다. 이러한 군주들은 그곳에서 태어나기는커녕 생전 한번 들러본 적도 없는 곳의 군주 감투를 뒤집어쓰는 일도 왕왕 있었으니, 결국 부재 지주에 맞먹는 '부재 군주'였던 셈이다.

카를 5세

베블런은 의도적으로 이 말을 빌려 20세기에 새로이 나타난 대자본가들의 소유권의 본성을 묘사했다. 누가 농사를 짓고 누가 그 땅에 사느냐에 무관하게 상속과 결혼 매매에 따라 그 땅의 주인 또는 아예 임금이 정해지는 것이 부재 지주와 부재 군주라는 제도다. 20세기 들어, 공룡 같은 규모의 대기업을 소유한 이들 중에 기업의 실제 생산 활동이 어떻게 작동하는지에 대해 깊은 지식이나 경험이 있는 이는 많지 않다. 이들은 그저 공개된 여러 금융 시장에서 종이로 된 소유권의 조각들——주식과 채권 그리고 거기서 파생된 각종 금융 증서——을 돈 주고 매매하거나 상속받은 것에 불과하다. 하지만 부재 지주나 부재 군주가 자신의 땅에 대해 행사한 것 이상으로, 이 '부재 소유자'들이 자신이 소유한 기업과 생산 조직에 대해 가진 권력은 절대적이다. 따라서 베블런은 부재 소유란 '자연적으로 부여된 천부 인권' 같은 것이 아니라 법과 제도에 의해 정당화된 사회적 기득권에 불과하다고 주장했다.

그렇다면 우리가 '야만 시대'라고 부르는 때에나 존재한 이러한 사회적 기득권이 어떻게 이 '개명된' 현대에 오히려 더 기승을 부리며 나타나게 되었을까. 베블런은 이것이 인간이 가진 "사유 관습habit of thought"에 따른 무지에서 비롯되었다고 주장한다. 그가 보기에, 로크가 주장하는 것처럼 토지 등의 생산 수단을 실제로 그것을 개간하고 생산한 사람이 소유하는 때도 있었고, 애덤 스미스Adam Smith와 같은 초기의 경제학자들이 말하는 것처럼 제조업자가 자신이 소유한 장비와 재료를 사용하여 몸소 생산 활동을 하는 때도 있었다. 이때에는 소유자와 그의 육체적 활동 그리고 그가 소유한 토지나 생산 수단이 불가분의 관계로 하나인 것처럼 보였기에 사적 소유는 '자연적인natural' 권리라는 생각이 생겨났다는 것이다. 문제는 그 이후 몇 백 년이 지나면서 기술 조건이 급변하고 공장과 기업의 규모도 이전에는 상상하지도 못한 차원으로 확장되었으며, 소유권의 성격 역시 '부재 소유제'에 불과한 것이 되었다는 데 있다.

본디 인간의 정신은 합리적인 상황 파악과 이성적 사유에 의해 만들어지기보다는 과거 언젠가 형성된 사유 관습을 그냥 답습하는 경향이 훨씬 강하다. 그래서 로크와 애덤 스미스 시절에 생겨난 자연적 권리로서의 사적 소유권 관념은 20세기 초까지 그대로 계승되었고, 사적 소유를 둘러싼 각종 법적·정치적 제도와 관행도 모두 예전의 것을 여전히 부동의 진리처럼 전제로 삼아 형성되었다. 요컨대 베블런에 따르면 현대 산업 사회에서의 사적 소유 관념은 시대착오적인 구시대의 유물에 지나지 않는다.

베블런은 마르크스처럼 열정적으로 사회주의 혁명을 지향한 사상가는 아니었다. 하지만 그가 원한 개혁 방향이 이러한 부재 소유제가 일소되고 직접 생산을 맡은 이들의 근면과 합리성, 한마디로 '노동자 본성instinct of workmanship'이 최대한 발현되는 일종의 사회주의 사회를 지향한 것은 분명하다. 1차 대전으로 미

국과 유럽의 기존 사회 체제가 일대 격변을 겪자 베블런도 그러한 변혁에 대한 기대를 가지고 언론인이자 사회 개혁 주창가로 활발히 활동하기도 했다. 그러나 1920년대에 들어 그가 그토록 혐오하던 부재 소유제에 근거한 금융 자본주의가 오히려 번성하기 시작했고, 그는 1929년에 쓸쓸하게 홀로 죽어갔다. 그런데 그가 죽은 지 바로 몇 개월 뒤, 그가 경고해 마지않던 부재 소유자들의 횡포로 말미암아 미국 경제, 아니 세계 경제 전체가 붕괴하기 시작했다. 세계 대공황이 시작된 것이다.

세계 대공황의 고통 속에서, 사람들 사이에서는 소유 제도에 대한 진지한 문제의식이 싹트기 시작했다. 산업 혁명의 시기에도 여전히 19세기, 아니 18세기와 같은 고전적인 배타적 사적 소유제를 유지하는 것은 현대 산업의 합리성과 효율성에 정면으로 모순된다는 생각이 확산되기 시작한 것이다. 이제 마르크스나 베블런의 비판은 몇몇 공산주의자나 사회주의자의 과격한 이론이 아니라 반드시 풀고 넘어가야 할 심각한 현실의 쟁점으로 떠올랐다.

베블런의 부재 소유제

잘 알려진 바처럼, 애초부터 수공업 체제는 그 작동을 위한 필수 요소로서 소규모 교역을 포함하고 있었다. 따라서 소위 자연권Natural Right의 여러 원리가 나오게 된 작업장에서의 일상에는 시장과의 일상적인 접촉 그리고 교역 작업과의 친근함 같은 것들이 포함되어 있었다. 그 결과 소규모 교역을 행하는 데 들어가는 자유 계약이라든가 흥정이라든가 하는 모든 선입견과 언어의 용법이 그 자연권의 구조 안에 섞여 들어가게 되었고, 그 체제의 구성 요소가 된 것이다. 균형 잡힌 수공업 체제의 질서에서는 교역자도 유용한 노동에 종사하는 노동자로 간주되었고 따라서 그가 한 노동에 근거하여 생계를 얻을 권리가 주어졌다. 처음에는 이 소규모 교역이 주고받는 거래로서, 즉 분업화된 노동자들 사이에 일의 균형을 유지하고 또 그 노동자들 전체와 바깥 세상 사이의 균형을 유지하기 위한 방법의 하나로서 수공업과 나란히 인정되었다.

……하지만 오늘날 거래는 그 규모와 범위와 수량에서 모두 거대해졌고 계약, 흥정, 회계의 필수적 경영의 측면에서 시장에서 계속 움직이는 상품들을 다루는 것과는 뚜렷이 구별되는 직종이 되었다는 점에서, '영리 활동business'의 성격을 더욱 강하게 띠게 되었다. 더 많은 수량의 거래를 더 먼

거리와 더 긴 시간 간격으로 수행할 필요성이 생기자 당연히 그 일을 맡은 상인은 그가 다루는 재화에 몸소 접촉하는 일이 사라지게 되었고, 그 결과 그는 운반하여 시장터에 가져갈 물건을 스스로 다루는 떠돌이 행상인이라는 위치에서 영리 활동을 하는 기업적인 부재 투자자로 변모했다. 물건 취급과 운반, 심지어 판매와 구매까지도 하청인, 화물 관리인, 마름 등이 맡아보게 되었지만 이것들은 비록 그 상인의 손을 거치지 않더라도 여전히 그의 소유권에 있는 것으로 통했다. 그리하여 이 상인들은 조금씩 떠돌이 상인에서 '상인 군주merchant prince'가 되었고, 교역이라는 직종은 산업적 직종이 아니라 영리 기업 활동이 되었다. 하지만 당시의 '모험 상인들'까지만 해도 자신이 영리를 취하는 물물거래와 계속 긴밀한 접촉을 유지했고 그의 상품을 공급해주는 생산적 산업과도 마찬가지였다.

숙련공이 그의 노동 능력에 근거하여 갖는 자연권에서 부재 소유제가 나온 것은 무엇보다도 이 상업적 교역 부문에서 뚜렷하게 나타난다. 투자, 즉 영리 기업 활동의 형식을 취하는 부재 소유제는 상업적 투자였다. 현대 세계에서 이윤을 위한 투자의 관행이 익숙해지고 영리 활동의 여러 원칙이 존중되며 투자가와 그의 활동을 가치 있는 것으로 보게 된 것은 투자가 이러한 상업적 기업 활동의 형태를 취하는 가운데 벌어진 일이다. 하지만 오늘날 투자는 좁은 의미에서의 산업으로도 그 모습을 나타낸다. 즉 산업 장비, 자재, 고용된 노동 등에 대한 소유권의 형태로도 나타나는 것이다.

수공업 시대가 종말에 가까워지고 기계제 산업과 대공장 체제로의 전환이 시작될 무렵, 산업에서의 투자는 이미 낯익은 현실이 되었으며 특히 섬유와 같은 몇몇 선도 산업에서 그러했다. 오늘날의 관점에서 그 시대에 벌어진 사실들을 돌아보면 누구든 그러한 투자가 부재 소유제로 이루어졌으며 또한 부재 소유제로서 인정되었으리라고 생각할 것이다. 하지만 그러한 산업적 상황을 목전에 두고 관계를 맺으며 살던 당대의 사람들에게는 그러한 투자가 부재 소유제로 보이지 않았던 듯하며, 최소한 그리 두드러지게 보이지는 않았던 것 같다. 소유자가 현장에 없다는 것은 이 경우에 주요하거나 당연한 특징이 아니었다. 여전히 작업장의 소유자가 자신의 소유권을 갖는 근거가 비록 그 자신의 손으로 일을 한 것은 아니더라도 그가 몸소 나타나 눈앞의 작업을 감시 감독하는 것에 있다는 것이 전통이었고, 그것은 상당 부분 실제적 원칙이기도 했다.

하지만 기계제 산업과 대공장 체제로의 이행이 벌어지면서 산업을 영리 활동으로서 조직하는 일도 서서히 변화를 겪어, 투자와 현장 부재가 아주 현실적으로 전면에 부각된다. 그 결과, 그 이후 산업적 측면에서 '최근'이라고 말할 수 있는 시대에는 산업에서도 부재 소유제가 원칙이었고 투자는 소유와 통제의 전형적인 형식이 되어버렸다. 이러한 사실을 조금만 확장한다면 다음과 같이 말할 수 있다. 수공업 시대에는 부재 소유제가 경우에 따라 발견된다고 해도 우연적·우발적인 것이었던 반면, 그 이후로는 일상적이고도 전형적인 관행이 되었다고. 그래서 지금은 오히려 그것이 정상적인 것으로 기대되기에 이르렀고 그밖의 모든 소유 형태는 예외적인 것이거나 어쩌다 벌어지는 것으로 간주되기에 이르렀다고.

중세의 소규모 교역과 대단히 유사한 현상이 수공업 산업에서도 벌어졌다. 작업의 규모가 진보하여 교역이나 산업이 전체 일꾼들의 조율에 관한 문제가 될 지경에 이르자 그 즉시, 또한 그렇게 된 정도에 비례하여 부재 소유제가 나타나게 되었으니, 그 속도는 점진적이었지만 필연적인 일이었다. 전문화와 노동 분업이 진전함에 따라 현재의 모든 주어진 작업 노선을 수행하는 데 들어가는 장비의 규모는 그것을 다루는 노동자가 혼자 힘으로 작업하는 데 들어가는 장비보다 계속 커져왔으며, 동시에 그 장비는 점점 더 수많은 노동자가 함께 사용하도록 설계된 '시설plant'의 성격을 가지게 된 것이다. 그러한 시설은 보통 장인(匠人, master) 노동자의 소유거나 그런 장인 조합의 소유이기 십상인바, 이들은 그를 통해 또 그러한 정도에 비례하여 그 시설의 부재 소유자들이 된다. 그 작업에 사용되는 재료들과 완성된 생산물에 대한 소유권의 문제도 마찬가지다.

하지만 영국에서 수공업 시대의 끝에 해당하는 애덤 스미스의 시대에는, 교역과 산업에 투자된 부(富)라는 말이 일컫는 것은 자연스럽고도 당연하게도 그 소유자가 자신의 생산적 노동 생산물에서 일부를 비축하여 축적한 유용한 재화로 여겨지는 것이 전통이었다. 마찬가지로 자신이 저축한 것들을 생산에 투여한 소유자는 '자연적으로' 그의 저축물들을 사용하는 노동 과정을 지휘하고 감독하게 된다고 여겨졌다. 18세기에 '자연적'이라는 말은 오래도록 끊어지지 않고 내려온 전통의 승인을 받은 것들을 의미했고, 따라서 수공업 체제 아래에서 한 번도 끊어지지 않고 내려온 관습으로 지탱되는 것은 '자연적'인 것이었다.

애덤 스미스는 그가 살던 당대, 즉 그가 살던 시대와 가까운 과거의 언어로 말하고 있으며, 그의 시대가 가진 경제적 상태와 정황을 같은 세대의 사람들이 가까운 과거에서 뿌리 깊게 물려받은 사유 관습을 통해 정식화된 바로 훌륭하게 기록해놓았다. 하지만 역사적인 사태의 진전에서 볼 때 그가 살던 시대는 산업과 소유권의 이행이 일어나는 결정적인 시대였다. 따라서 그의 관점에서 '자연적'으로 보인 것은 경제 법칙에 대한 그의 훌륭한 정식화가 이루어진 시점 이후부터는 더 이상 일반적인 세상의 흐름이라고 할 수 없었다. 수공업과 소규모 교역의 시대는 완전히 끝나버렸지만, 그 시대에 관습이 된 세계관은 당대의 사려 깊은 이들에게는 (제2의) 천성이 되어버리고 말았다. 그 뒤에 나타난 것은 기계제 산업과 영리 기업의 시대인데, 이 시대에는 수공업 시대로부터 내려온 '자연적' 법칙들과 권리들이란 '현재를 억압하는 낡은 과거의 잔재dead hand' 역할을 맡게 되었다.

애덤 스미스의 시대(18세기의 마지막 4분의 1) 이후부터 산업과 영리 활동에는 새로운 시대가 열렸다. 새로운 시대의 한 측면으로서, 산업적 노동과 영리 기업 활동 사이의 간격도 눈에 띄게 벌어지기 시작했다. 기계제 산업의 시대는 영국에서 바로 그때 시작되었으며, 오늘날에는 문명 세계의 다른 민족들에게도 그 시대가 시작되고 있다. 이와 동시에 산업체의 영리 활동적 경영은 행해지는 작업 시간에 직접 참여하는 것을 기초로 하기보다는 부재 소유제와 통제를 기초로 하는 쪽으로 이동하기 시작했다. 이제 소유자는 오래된 전통에 따라 일터에서 작업반장으로 계속 일하는 대신, 점점 더 작업 현장에 몸소 나와 지휘하는 일에서 물러나 기업의 영리 활동의 금융적 목표에 관심을 쏟게 되었으며, 노동과 자재의 조달과 생산물의 처분 사이의 균형이 적절하도록 노동 과정을 통제하기 시작했다. 그 결과 투자와 부재 소유제는 오래전부터 농업에서 그리고 이미 상업에서도 원칙이 되었지만, 이제는 기계제 산업의 여러 분야에서도 원칙으로서 확립되었다…….

'자본주의'라는 말을 실제 역사에 맞게 정의한다면, 산업에서의 자본주의란 바로 지금 묘사한 시대와 상황에서 태어났다고 할 수 있다. 기계적 과정이 표준적인 여러 산업들에까지 깊이 침식해, 그 결과 모든 것이 새로운 규모로 펼쳐지기 전에는 산업에서의 영리 활동가business man는 손수 작업에 뛰어드는 것이 전형적이었다. 따라서 이러한 변화가 실제로 벌어지기 전의 고용주-소유자는 애덤 스미스가 묘사한 대로 자신이 고용한 일꾼들의 도움을 얻어 자신이 사용하는 일정한 산업 장비들을 소유한 장인 노동자라는 성격에 상당히 잘 부합하는 존재였다. 하지만 이 시대부터 그는 전형적인 부재 경영자가 되었고, 노동 과정에 대해서는 오직 영속적 영리 기업으로서 자금을 투자했다는 이해관계가 있을 뿐이었다. 소유자와 노동 과정 사이의 가시적 관계는 노동하는 사람이라는 인격적인 기초에서, 자금 투자에 기초한 부재 소유권이라는 비인격적 기초로 이동했다. 이 새로운 제도 아래서 소유자의 지배적 관심은 그 사업의 수익이지 노동자들과 그들이 하는 작업이 아니다. 따라서 노동 과정은 영리 활동적 사업이 되고 '영속 기업going concern'이 되어, 그 수익 창출 능력에 기초하여 가치 평가되고 자본화된다. 그리고 영리 활동적인 산업 경영은 경쟁 시장에서 얻어낼 순소득, 즉 생산물의 판매 가격에서 생산에 들어간 장비, 노동, 자재의 구매 가격을 뺀 이득에서 파생되는 소득을 중심으로 이루어진다. 산업의 영리 활동은 상업적 영리 기업이 되고, 산업 시설은 그 소득 창출 능력으로 자본화되는 영속 기업이 되는 것이다······.

—베블런, 《부재 소유제 : 최근의 영리 기업, 미국의 경우*Absentee Ownership : Business Enterprise in Recent Times : The Case of America*》(1923)

거대 기업이 등장한 20세기, 소유 제도는 어떻게 바뀌었을까

제4장

20세기는 인류 문명사가 커다란 역동을 맞은 세기였다. 물질적·정신적으로 놀랄 만한 진보가 이루어졌지만 그 이상의 규모를 가진 파멸과 비극이 벌어진 세기이기도 했다. 이 엄청난 파도 속에서 인간은 그 이전 몇 천 년 동안 꿈도 꾸어보지 못한 다양한 실험을 해볼 수 있었다. 그 실험 목록에는 달나라 가보기에서 생체 해부까지 별의별 것들이 다 있지만, 아마도 가장 왕성하게 실험된 것 중 하나는 소유 제도일 것이다.

이 대목에서 여러분은 아마 지금은 몰락해버린 공산주의 국가의 국가적 소유 제도를 연상할 것이다. 많은 이들이 이러한 줄거리에 익숙하다. '19세기식의 사적 소유에 근간한 자본주의 경제 체제는 20세기 들어 러시아 혁명이라는 도전에 봉착했다. 그 뒤 세계 경제는 공산당이 장악한 국가 기구가 사적 소유를 대체한 중앙 계획 경제와 기존의 사적 소유 제도를 기반으로 한 자본주의

뉴딜을 고안해낸 미국의 32대
대통령 프랭클린 루스벨트

1929년 10월 24일에
뉴욕 주식 시장의 주
가 대폭락을 계기로 시작된 경
제 불황은 미국 전역에 파급되
었고, 다시 세계적인 대공황으
로 확대되었다. 이와 같은 심각
한 불황 속에서 치러진 1932년
의 대통령 선거에 민주당 후보
로 나온 루스벨트는 경제 사회
의 재건, 빈궁과 불안에 떠는
국민의 구제 등을 목적으로
한 새로운 정책, 즉 '잊혀진 사
람들을 위한 뉴딜(신정책)'을
약속함으로써 공화당의 후버
를 누르고 대통령에 당선되었
다. 1933년 6월에 입법화된
뉴딜은 이후 7년여에 걸쳐 단
순한 경제 정책에 그치지 않고
정치적·사회적으로 커다란 영
향을 끼쳐 미국의 항구적인 제
도로 확립되었다.

경제로 양분되었다. 하지만 1990년대 초 공산 진영의 몰락과 함께 세계 경제는 다시 사적 소유에 기초한 자본주의 경제 체제로 통합되었다.'

살다 보면 동네 우물까지 미주알고주알 다 나오는 지도만 필요한 것은 아니다. 때로는 한반도 전체를 칠판에 긴 타원형 하나로 그려놓고 이야기하는 것이 편하고 긴요한 법이다. 따라서 20세기 세계 경제에 존재해온 소유 제도의 흐름을 이런 식으로 단순화해서 이야기하는 것이 필요할 때도 분명히 있을 것이다. 하지만 종종 이렇게 거의 이솝 우화 수준으로 단순화된 이야기만 가지고 이 복잡한 문제의 수많은 질문과 쟁점에 대해 자신의 주장을 밀어붙이는 '전문가'들을 보게 되면 두려움에 공연히 소름이 돋는다. 칠판에 그려진 뭉그러진 감자 모양의 한반도 동그라미를 지도 삼아 전국을 도보 여행하겠다고 나서는 모습이 연상되기 때문이다.

결론부터 말하면, 최소한 1920년대 이후 세계 경제 어디에서도 그렇게 단순하고 순수한 형태의 사적 소유 제도와 공산주의적 국가 소유 제도가 존재한 곳이나 시기는 극히 드물었다고 할 수 있다. 1930년대의 뉴딜New Deal 이후 자본주의 경제의 종주국 역할을 한 미국의 소유 제도는 순수한 19세기식의 사적 소유 제도와 거리가 먼 모습으로 발전했다. 공산주의의 본산지인 구소련에서도 소유 제도는 이미 1920년대부터 소위 '전시공산주의'의 국가 소유와 사적 소유를 대폭 허용하는 '신경제계획NEP' 사이에서 크게 요동친 적이 있었고, 이후 몰락을 맞는 1990년대까지 공산주의 경제에는 간헐적으로 '시장적 요소'가 도입되었다.

미국과 소련이라는 두 축 사이에 있는 국가들로 가면 이야기는 더욱 복잡해진다. 유럽에서 흔히 발견되는 소위 '사회민주주의 형' 국가를 보면, 어디에서 어디까지가 사적 소유이고 어디까지가 국가 혹은 집단 소유의 영역인지 도저히 가를 수 없게 혼재된 경우가 많다. 그뿐이 아니다. 일본, 이탈리아, 독일에서 시작해 2차 대전 이후 제3세계의 여러 국가에서 전개된 극우 '파시즘' 경제에서도 이러한 상황은 전혀 다르지 않다. 한마디로 19세기 사람들이 이상으로 그린 소유 제도——부르주아들의 사적 소유 제도 그리고 사회주의자들의 공적 소유 제도——는 20세기의 현실에서는 전혀 새로운 논리와 원칙에 따라 서로 뒤섞이고 전혀 새로운 형태로 탈바꿈하며 발전해왔으며, 이러한 현상은 극우 파시즘 체제에서 극우 공산주의 체제까지 이념과 체제를 초월해 보편적

으로 벌어진 20세기의 현상이다.

1. 20세기 산업 기술의 조건과 환경 변화

3장에서 잠깐 보았듯 19세기 말, 특히 20세기로 들어오면서 기업의 규모는 이전에는 상상조차 못했을 수준으로 팽창했다. 그리고 그 배후에 있는 기술적 변화는 석탄 대신 석유를, 증기 기관 대신 내연 엔진을 사용하고 제철, 화학 등의 소재 산업까지 포괄하는 소위 '중화학 공업'을 전면적으로 발전시킨 '2차 산업 혁명'이었다. 2차 산업 혁명은 인간 세상의 모습을 실로 극적으로 바꾸어 놓았다. 역사가 배러클러프Geoffrey Barraclough는 언젠가 1890년 이전의 세계와 이후의 세계가 얼마나 눈부시게 달라졌는가를 설명하면서, 우리들 집에 있는 물건의 대부분은 어제의 세계에서는 찾을 수 없는 것이라고 했다. 사실 그렇다. 비단 전화나 텔레비전 같은 가전제품만이 아니다. 금속, 플라스틱, 고무 같은 것들로 만든 손톱깎이, 볼펜, 슬리퍼 등을 집집마다 지천으로 쓸 수 있게 된 것은 20세기에 벌어진 일임이 분명하다.

20세기의 세계 불가사의─중화학 공업으로의 전환

이러한 2차 산업 혁명이 성공적으로 진행되기 위해서는 사회 전체가 그 이전과는 전혀 다른 모습의 조직으로 바뀌어가야 한다. 그 이유는 크게 세 가지로 정리해볼 수 있다. 첫째, 조달해야 할 자본금의 규모가 이전과는 비교도 되지 않는다. 예를 들어 열 명 정도의 노동자를 고용해서 운영하는 봉제 공장과, 엄청난 크기의 용광로와 수만의 노동자를 거느린 거대한 제철 공장을 생각해보자. 이때 두 공장을 똑같은 '공장'이라고 부르거나 그 각각에 들어간 돈을 똑같은 '자본'이라고 부르는 것은 어쩌면 후자에 대한 모독일지도 모른다. 전자 같은 규모의 공장을 차리는 돈은 은행 대출로도 충당할 수 있으며 대부분은 한 사람이 사재를 털기만 해도 충분하다. 그런데 후자의 경우도 그런 일이 가능할까.

우리는 피라미드나 만리장성 같은 기적들을 보면서 인간 문명이 인력과 물자를 동원해온 규모에 놀라움을 금치 못한다. 그리고 그것을 가능하게 한 사회 조직의 권력에 경외심을 느끼면서 그것들을 '세계 몇 대 불가사의'라고 부른다. 하지만 울산과 광양에 있는 거대한 제철소와 조선소들을 보면서는 현대 사회에서 저쯤

이야 당연한 것이라는 듯 범상히 보아 넘긴다. 물론 제철소와 조선소를 지어 올리는 기술과 방법은 현대적 혁신으로 충분히 설명할 수 있을지 모른다. 하지만 그것을 쌓아올리는 사람의 땀과 물자의 무게는 어떨까? 그것도 피라미드나 만리장성과는 다른 것인가? 사람이 하지 않고 기계를 썼다고? 하지만 그 기계는 누가 만들었는가? 영국 경제학자 리카도David Ricardo의 노동 가치론이 담고 있는 분명한 진리 하나가 있다면, 결국 우리 눈앞에서 벌어지는가 아니면 보이지 않는 곳에서 벌어졌는가의 차이가 있을 뿐 인간이 만든 모든 것은 결국 인간 노동력이 투하되어 만들어졌다는 것이다. 당연한 말이다.

1930년대부터 전 세계적으로 본격화된 중화학 공업으로의 전환 과정에서, 그 엄청난 소요 자금은 한 사람 또는 몇 사람의 사재로 조달할 수 있는 것이 아니었다. 기업을 세우려는 사람은 주식 시장이나 채권 시장을 통해 무수히 많은 이들의 투자를 받든가 또는 여러 은행의 결합체에서 장기 저리로 대규모 융자를 받는 수밖에 없었다. 따라서 그렇게 설립된 기업체의 소유권이 누구에게 있는가는 모호한 문제일 수밖에 없다. 물자와 인력 동원을 스탈린 Iosif Vissarionovich Stalin의 철권통치로 해결한 구소련의 경우는 자연스럽게 국가에 소유권이 귀속되는 것으로 하면 되었다. 하지만 그러한 명령이 아니라 화폐를 통해 인적·물적 자원을 동원하는 화폐 경제 체제를 유지한 나라에서는 화폐를 누가 어떻게 조달하느냐의 문제가 기업의 소유권을 결정하는 데 중요한 변수로 떠올랐다.

스탈린

둘째, 이렇게 해서 설립된 중화학 공업 분야의 기업을 누가 경영할 것인가는, 누가 돈을 더 내고 덜 냈는지만으로 간단히 결정될 수 없다. 화학 공업이나 철강 공장에 들어가는 온갖 복잡한 전문 지식을 갖추는 것은 물론, 몇 만 명을 헤아리는 조직을 거느리고 운영하는 일은 결코 아무나 할 수 있는 일이 아니다. 게다가 기계가 굴러가고 사람들을 조직해서 공장과 기업을 돌아가게 한다고 다가 아니다. 그 결과로 실제 수익을 내야 기업의 존재 이유가 성립된다. 따라서 온갖 복잡한 조사를 거쳐 고도의 전략을 짜야 하고 그에 맞추어 일사불란하게 지휘를 해야 한다. 한마디로, 이제 기업을 운영하는 일은 전장에 나선 군단 병력을 지휘해 전쟁을 치르는 것 이상의 복잡한 문제가 되었다. 이런 상황에 싸움이라고는 이불 속에서 궁녀들과 베개 싸움을 벌인 경험밖에 없는 유약한 이가 나타나서 자신이 황제 혹은 소유자라며 이러쿵저러쿵했다가는 파국이 벌어지고 말 것이다. 결국 기업을 소유own한다는 것과 통제control한다는 것은 완전히 다른 문제가 되었다.

셋째, 그 투입물과 산출물이 어디에서 와서 어디로 가는가까지 생각해보면 회사의 실제 소유권을 둘러싼 문제는 한층 복잡해진다. 현대 과학의 눈부신 발전 덕분에 인류는 엄청난 양의 소재와 에너지를 손쉽게 생산할 수 있는 미증유의 물적 능력을 가지게 되었다. 그런데 이것을 누가 소화할 것인가. 천신만고 끝에 자금을 조달해 거대한 제철 공장을 세웠다고 하자. 그리고 그것을 최고의 효율성으로 운영할 기술자들과 전문 경영인을 모두 구했다고 하자. 그런데 그렇게 해서 엄청나게 쏟아진 철강을 먹거나 입거나 자기 위해 필요로 하는 사람은 아무도 없다. 그 철강은 자동차, 손톱깎이, 탱크 등의 물건을 생산하는 원재료일 뿐이다. 따라서 철강 생산이 실제 수익을 내려면 엄청난 양의 탱크, 손톱깎이, 자동차의 소비가 필요하다. 그렇지 않을 경우 철강 공장의 수만 명 노동자들과 원자재, 공장 가동에 들어간 엄청난 전력, 게다가 전력 설비에 들어간 자금 등을 어떻게 회수할 수 있겠는가.

거대한 공장이 된 지구

이렇듯 사회 전체가 2차 산업 혁명의 물질적 혜택을 누릴 수 있는 산업 사회로 전환한다는 것은 1차 산업 혁명에서처럼 돈과 아이디어가 있는 개개인들이 중구난방으로 공장을 세우고 시장에 물건을 내다파는 식으로는 이루어질 수 없다. 수중발레를 하는 사람들을 보면 도대체 한 몸인지 두 몸인지 착란이 벌어질 정도로 동작이 정교하게 일치한다. 그런데 산업 사회에서는 그 정도의 정교한 '동시화synchronization'가 사회 전체에 요구된다. 필자의 개인적인 생각이지만, 이렇게 사회 전체를 지구적 규모에서 일사불란하게 하나의 거대한 공장으로 탈바꿈한 20세기 인간들——바로 여러분의 조부모 세대다——의 업적에 비하면 진시황의 왕릉이니 피라미드이니 하는 것은 어린애 장난일 뿐이다. 그리고 그 난리통 속에서 파시즘, 혁명, 세계 대전, 내전과 학살, 군부 독재 등의 온갖 고통을 겪어야 했다는 것도 어찌 보면 이해가 간다. 그런데 그 난리 끝에 겨우 '제철 공장'에 수익이 나기 시작했다고 하자. 이 수익은 누구 것인가. 돈을 댄 이들의 것인가 일한 사람들의

이 책에서 자세히 논할 수는 없지만, 역사적 관점에서 볼 때 20세기 자본주의가 '시장 경제'였다는 생각이 실상과 거리가 먼 자기기만에 불과할 가능성이 여기에 있다. '시장 메커니즘'이란 중구난방인 개개인들이 이합집산해서 이루는 북새통 속에서 '저절로' 형성되는 균형 상태를 통해 안정을 찾는 경제를 상정하기 때문이다.

것인가. 혹시 사람이 아닌 '회사의 돈', 그래서 더 큰 공장을 짓기 위해 쟁여두어야 할 돈인가. 아니면 사회 전체의 것?

거듭 말하지만 소유 제도의 성격과 내용은 최소한 네 가지의 다른 요소를 각각 따져보아야 한다. 이 복잡한 상황에서 19세기에나 생각할 수 있었던 순수한 사적 소유니 순수한 국가 소유니 하는 것이 그대로 실현되기를 기대하는 것 자체가 어쩌면 우스운 일 아닐까.

2. 레너—법적 개념과 사회적 기능의 분리

이러한 산업적 현실에서 소유의 문제가 사적 소유냐 공적 소유냐의 단순한 이분법으로 풀 수 있는 것이 아니라는 점을 지적함으로써 20세기 소유 제도의 이론적 · 제도적 변화를 준비한 중요한 저작이 있으니, 바로 1904년에 출간된 레너Karl Renner(1870～1950)의 《사법의 법적 제도와 그 사회적 기능Die Rechtsinstitute des Privatrechts und ihre soziale Funktion》이다. 레너는 오스트리아 사회민주당 우파에서 활동하던 온건한 사회주의자로서 후에 오스트리아 대통령까지 역임한, 실제 정책과 행정의 경험을 가진 법학자였다. 이 저서는 이후 오스트리아의 사회민주주의뿐 아니라 소유 제도에 대한 법학과 사회학의 이론, 나아가 다른 나라의 소유 제도 발전에도 큰 영향을 끼친 것으로 평가된다.

마르크스에게서 지대한 영향을 받은 레너는 자본론에 나타난 마르크스의 이론을 독특하게 해석하여 자신의 독자적인 소유 이론의 기반으로 새롭게 바꾸었다. 그에 따르면 자본주의와 자본에 대한 마르크스의 분석에서 진정 천재적인 발견은, 법적 개념으로서의 소유와 그 소유의 이름으로 불리는 권리가 실제의 경제적 · 사회적 관계에서 수행하는 기능은 거의 항상 불일치 상태에 있다는 것이었다. 마르크스가 관찰한 내용을 예로 들면 19세기 부르주아들은 기계나 노동자들에 대한 자신들의 권리를 전통적인 '소유'의 법적 개념으로서 정당화했지만, 이미 그 기계나 노동자들에 대한 실제의 생산과 분배 과정에서는 그러한 전통적인 법적 개념에 전혀 암시되어 있지 않은 새로운 종류의 권리와 기능 들을 행사했다. 따라서 레너는 이렇게 소유의 법적 개념과 사회적 기능이 일치하지 않게 되는 것은 경제적 '토대'에서 끊임없는 기술적 변화와 발전이 벌어지기 때문이라고 보았다.

 이러한 그의 이론은 기존의 마르크스주의적 사회주의자들의 정책 노선에서 대단히 중요한 변화의 가능성을 암시한다. 원래 당시 사회주의자들의 생각은, 경제적 관계가 변할지라도 자본주의 사회의 법적 관계는 여전히 부르주아 계급의 사적 소유 제도를 옹호하는 체계로 고정된 '상부구조'인고로, 이러한 법적 제도를 쓸어버리고 국가 위주의 공적 소유로 대체해야만 하며 그러기 위해서는 민중 혁명이 필요하다는 것이었다. 그런데 레너는 이미 현실에서 소유의 권리가 수행하는 사회적 기능이 법적 개념과 거의 독립적으로 변해가고 있음을 강조하면서 이것이 사회적 권력관계라고 강조했다. 이러한 주장은 사회적 권력관계를 역전할 수 있다면, 굳이 사적 소유의 법적 제도를 일소하는 혁명을 일으키지 않고서도 사회적 기능에서의 사적 소유의 폐지를 달성해 사회주의 체제로 넘어갈 수 있다는 생각을 암시한 것이다. 이는 나중에 보게 될 스웨덴 사회민주주의자들의 '기능적 사회주의'와 긴밀하게 연결된 것으로 볼 수 있다.

3. 소유 따로, 경영 따로—미국 대기업들의 소유와 경영의 분리

이렇듯 법적인 명목에서는 소유권의 의미가 19세기와 같다 하더라도 사회적 내용이나 기능은 19세기 중엽의 영국 자본가의 그것과 판이하게 다른 것으로 변해가는 현상은 미국에서도 나타나고 있었다. 1932년에 출간된 벌리Adolph Berle Jr.와 민즈Gardiner C. Means의 《현대 기업과 사적 소유Modern Corporation and Private Property》에는 당시 미국 대기업의 소유가 어떤 상황인지가 자세히 조사되어 있다. 이미 미국 대기업의 자본 규모는 한 사람이 부담할 수 있는 크기를 한참 넘어섰고, 그래서 개별 대기업의 소유권은 이제 한 사람이 아닌 무수히 많은 주식 소유자들에게 분산되었다는 것이다. 이는 소유권이 그렇게 한없이 쪼개지고 분산되다 보니까 그 기업의 실제 소유자가 '소멸'하는 현상까지 나타나고 있다는 재미있는 귀결로 이어진다.

그렇다면 어떤 기업의 주식 소유자가 경영권을 행사하려면 주식을 얼마나 가지고 있어야 할까? 100퍼센트? 아니면 과반수인 51퍼센트? 사실상 주주 총회에서 최대 주주가 될 수만 있다면 때로는 10퍼센트 정도의 주식만으로도 그 기업을 충분히 지배할 수 있다. 물론 각 기업마다 특성과 역사가 다르므로 그 수치를 일률적으로 말할 수는 없다. 그런데 벌리와 민즈는 최대 지주의 지분이 10퍼센트도 되지 않을 정도로 소유권이 분산된 대기업을 무수히 발견했다. 그렇게 10퍼센트 미만의 지분을 가진 주주는 비록 자신이 최대 주주더라도 그 목적이 주식 배당금이나 주가 차익 등의 금전적 이익일 뿐 실제 경영은 아닐 수 있다.

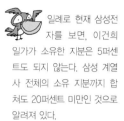

일례로 현재 삼성전자를 보면, 이건희 일가가 소유한 지분은 5퍼센트도 되지 않는다. 삼성 계열사 전체의 소유 지분까지 합쳐도 20퍼센트 미만인 것으로 알려져 있다.

이때 기업을 실제로 경영하는 것은 누구일까? 호랑이가 쑥과 마늘을 먹어 미녀가 되면 산중의 일에는 관심이 사라져, 산을 다스리는 일은 토끼에게 넘어간다. 즉 원래 회사의 조직을 관리하도록 고용된 월급쟁이의 한 사람인 전문 경영자가 회사를 실제로 경영하는 사태가 벌어지는 것이다. 물론 그는 형식상 이사회와 주주 총회에 복속된 일꾼일 뿐이지만, 이사회건 주주 총회건 회사의 실제 경영에 관심 있는 사람이 아무도 없다면 실권은 고스란히 그의 손에 들어간다. 벌리와 민즈의 조사에 따르면 그 조사 대상이던 200대 대기업 가운데 주식 소유가 분산된 나머지 회사 관리의 실권이 경영자의 손에 넘어간 회사는 44퍼센트에 달했다.

이제 레너가 강조하는 것처럼, 법전에 나온 정의야 어떻든 소유의 개념은 실제 세상에서 19세기와는 전혀 다른 기능을 수행한다고 볼 수 있다. 이 소유자들은 공장의 운영과 경영에 아무 관심이 없다. 이들은 그 기업의 자본과 자금을 조달하는 기능을 맡는 대

가로, 자신들이 소지한 각종 유가 증권에 덧붙는 주식 배당금 등과 같은 금전적 이익에만 관심이 있다. 그리고 19세기 맨체스터의 자본가라면 공장의 소유자로서 기꺼이 맡았을 역할의 대부분은 월급쟁이에 불과한 경영자 사장에게 넘어가버렸다. 이렇게 소유와 경영이 각각 다른 사람들이 수행하는 기능으로 갈라져버렸으니, 19세기적인 '사적 소유' 개념이 무슨 의미가 있겠는가. 그래서 이들은 이렇게 결론을 내린다. "원자와 같은 단일한 사적 소유라는 것은 이제 해체되었고, 이로 말미암아 지난 3세기 동안의 경제 질서를 떠받치는 기초 자체가 무너지게 되었다."

벌리와 민즈의 연구는 20세기 중반 이후 미국 기업의 소유 지배 구조에 대한 고전적인 연구로서 자리를 확고히 했다. 물론 그 방법의 엄밀성 면에서 많은 비판을 받기도 했고 산산이 흩어진 듯

보이는 소유자들이 실제로는 투자 은행 같은 투자 기관들을 매개
로 탄탄히 조직되어 있기 때문에 사실상 금융 자본가들의 지배가
관철되고 있다는 주장이 제기되기도 했다. 하지만 그처럼 복잡한
사회적 권력을 분석하는 차원을 떠나서 일상적인 제도의 차원에
서 볼 때, 미국 경제에서 대기업을 '소유한다'라는 말의 뜻이 소
유자와 경영자 사이의 상이한 기능으로 갈라졌다는 데는 이의를
달 수 없을 듯하다. 이후 미국 대기업을 연구한 1960년대의 진보
경제학자 갤브레이스John Galbraith의 《신(新)산업 국가*The New
Industrial State*》를 봐도 그렇고, 심지어 마르크스주의 경제학자인
바란Paul Baran과 스위지Paul Sweezy의 《독점 자본*Monopoly
Capital*》을 봐도 소유자와 경영자가 분리되어 후자가 실제 기업의
지배자가 되어버렸다는 관찰이 기본적으로 동일하게 나타난다.

4. 일본 파시즘의 핵심 세력, 혁신 관료들의 민유국영론

적어도 19세기까지는 '부르주아적 사적 소유 제도'에 반대하는
자들은 모두 사회주의 세력이라는 정의가 힘이 있었다. 하지만 20
세기 중반에 달하면 19세기적인 사적 소유 제도와 산업의 현실과
의 괴리가 심해 더 이상 고전적인 사적 소유 제도를 유지할 수 없
다는 생각이 이념과 체제를 초월하여 전 세계에 나타난다. 이를
가장 극적으로 보여주는 예로는 일본 파시즘의 핵심 세력의 하나
였던 1930년대의 '혁신 관료'들이 있다.

파시즘 정권의 수립과 혁신 관료의 탄생

1920년대 일본 경제는 10여 개의 재벌 가문이 이끄는 기업 집단들에 의해 지배되었다. 이 가문들은 일단 자신들이 완전히 지배·소유하는 지주회사를 설립하고는 그 산하에 수백 개의 회사를 피라미드 형태로 쌓아 거느리는 방식을 통해 엄청난 경제적 독점을 이룩했다. 하지만 이들이 운영해온 회사와 설비는 기본적으로 러일전쟁에서 1차 대전에 이르는 19세기 말과 20세기 초의 기간에 틀이 잡힌 것으로, 1920년대 후반이 되면서 중화학 공업을 중심으로 '산업 합리화'를 이뤄야 한다는 압력을 안팎으로 강하게 받고 있었다. 문제는 그러한 과제가 소위 '시장 경제의 합리

성'이라는 것에 따라 이 10여 개의 재벌 가문이 자체적인 자금 동원 능력으로 각자 알아서 해나갈 수 있는 일이 아니라는 점이었다. 우선 동원해야 할 자금과 인력이 엄청난데다가 필요한 원료와 판로 등의 흐름을 확보하려면 군사력을 동원해서 만주와 동남아시아의 영토도 확장해야 했다. 또한 동일한 산업에 다른 재벌 가문들이 불필요하게 중복 투자하여 '과당 경쟁'을 벌이는 사태도 조정해야 하는 등 과제가 첩첩산중이었다.

설상가상으로 1930년대에 세계 대공황과 군비 재무장이라는 세계 정치 경제의 환경에 따른 압력이 겹치게 되자, 중화학 공업을 통한 20세기형 자본주의 산업 체제로의 전환은 한시도 미룰 수 없는 국가적 과제이며 따라서 이를 '사리사욕에만 눈이 어두운' 재벌 자본가들에게 맡겨둘 수 없다는 목소리가 곳곳에서 터져 나왔다. 실제로 1930년대 전반에 걸쳐 일본 정부는 중화학 공업 육성을 위한 자금 조성을 위해 주식, 채권, 나아가 세금을 늘리면서까지 여러 수단을 동원해보았지만 그때마다 약삭빠른 투자가들과 자본가들의 발 빠른 행동으로 모두 좌절되었다.

결국 1936년의 2.26 사건을 계기로 군부의 주도 아래 본격적인 파시즘 정권이 성립되었다. 이 파시즘 정권은 국내의 경제적 재구조화라는 과제와 국제적인 전쟁과 팽창이라는 과제를 서로 연결해 풀어가야 한다는 숙제를 안고 있었다. 이를 해결하기 위해 이들은 최대한의 생산 효율성이 담보되도록 국내의 정치·경제·사회 체제를 새로 짜는 여러 시도를 벌였는데, 그 주도 세력은 당시 '경제기획원'이라는 새로운 주무 관청에 모인 젊은 관료들, 즉

재벌과 정치인들이 사리사욕에 눈이 어두워 일본의 급속한 군국화를 늦춘다고 생각한 군부 내 급진 우파(황도파)의 청년 장교들이 주요 관료와 정치인 들을 암살한 쿠데타 사건. 천황의 원대 복귀 성명으로 실패로 돌아갔지만 이후 세력 균형이 군부와 혁신 관료들의 우위로 급속하게 기울어 일본 파시즘이 본격적으로 성립하는 계기가 된다.

'혁신 관료'들이었다.

혁신 관료라는 명칭은 이들의 성격과 잘 맞아떨어진다. 이들은 1920년대까지 일본을 지배한, 미츠이[三井]니 스미토모[住友]니 하는 몇몇 재벌 가문들이 '사적 소유의 신성불가침'이라는 19세기식 소유 제도를 등에 업고서 국민 경제의 노른자위를 거의 독식하는 형태의 자본주의를 극도로 혐오했다. 이런 자본주의야말로 일본을 국내적으로는 끝없는 계급 모순으로 몰고 가고 국제적으로는 영국이나 미국에 종속된 강아지 정도로 나약하게 만든 원인이라고 생각해, 어떻게든 이를 쇄신해야 한다고 주장했다. 그들은 그 과정에서 이념을 초월해야 한다고 주장했는데, 심지어 당시 소련에서 진행되던 경제 개발 계획GOSPLAN까지 호의적으로 받아들일 준비가 되어 있었다.

소유 제도에 대한 반감의 분출―민유국영론

혁신 관료들의 19세기식 사적 소유 제도에 대한 반감이 여지없이 표출된 사건이 있었는데, 그것은 〈전력 국가 관리 법안〉이라는 문서에서 시작된다. 당시 체신성(遞信省)에서 파견된 관료였던 오쿠무라 기와오[奧村喜和男]가 작성한 이 문서는, 공업 체제로의 전환에서 핵심이 되는 전력 산업의 소유 지배 형태를 어떻게 해야 할 것인가에 대한 논의를 담은 법안으로 1937년 히로다[広田] 내각 시절에 제출되었다. 이 문서는 재벌 자본가 등 재계의 숱한 자본가들에게 엄청난 비판과 공격을 받아 결국 실현되지 못했는데, 내용을 보면 그럴 만도 하다는 생각이 들 만큼 혁신적이었다. 단

미츠이와 스미토모 가(家)는 미츠비시[三菱]와 함께 일본 3대 재벌 가문으로 꼽힌다. 2차 대전에서 패망한 뒤 미국에 의해 가계 중심의 재벌 구도는 많이 해체되고 현재는 전문 경영인 중심으로 운영되는 성격이 강해졌으나, 여전히 이들 재벌 가문의 일본 내 영향력은 막강하다고 할 수 있다.

순히 기술상의 제안을 하는 것이 아니라, 소유권이란 무엇이며 그 것을 어떻게 바꾸어야 하는가 등의 정치 경제 사상 차원의 문제를 건드렸기 때문이다.

그의 주장은 한마디로 민유국영(民有國營)이라고 정리할 수 있다. 민간인들의 사적 소유는 인정해주지만 전력과 같은 중요한 기간산업의 경영은 국가가 맡아야 한다는 것이다. 오쿠무라가 보기에 사적 소유란, 기본적으로 소유자 개인의 금전욕이라는 원리에 따라 소유물의 용도와 실제 사용이 결정되도록 허용하는 제도다. 이는 벤담 등의 공리주의자들의 주장처럼 그렇게 할 때 사회 전체의 이익이 가장 크게 달성될 수 있다는 믿음에 근거한 것이다. 하지만 실제로 사적 소유는 "소유권의 절대주의와 불가침성의 이름 아래 많은 모순을" 가져온바, 그는 "개개인이 사적 소유의 절대성을 주장하고 국가의 목적을 위해 희생적으로 노력하지 않으면 거국일치(擧國一致)의 물질적 기초는 근본적으로 파괴되지 않을 수 없다"고 주장한다.

게다가 전력과 같은 국가적 총동원 체제의 핵심 사업의 경영을 개인적 금전욕에 따라 움직이는 사적 자본가들에게 맡겨둘 수는 없다. 하지만 그렇다고 소련처럼 국가 소유로 빼앗아봐야 골치 아프기는 마찬가지다. 일단 국가가 떠맡으면 온갖 골치 아픈 일이 생긴다. 어떤 정부 부서의 어떤 공무원이 그것을 맡을 것이며, 회계와 감사는 누가 할 것이며, 자금은 결국 국가 예산에서 나오는데 의회의 허락을 어떻게 받을 것이며 등. 게다가 관련 업체들을 국유화할 것인가 말 것인가. 자칫하면 소련식으로 거의 모든 산업을 국유화해서 국가가 경영하는 국유국영(國有國營) 체제가 될 텐데 이는 보통 복잡한 문제가 아니다.

여기서 혁신 관료들은 레너의 이론과 맥이 닿아 있는 주장을 펼친다. 복잡하게 법적 차원에서 대변혁을 일으키는 법석을 떠는 대신 대기업에 관련된 소유권의 여러 기능을 분리하여, 형식적 소유와 그에 관련된 것들은 민간에 남겨두고 실제 기업 결정의 합리성에 관련된 부분만 국가가 가져가는 방식, 즉 민유국영이라는 산뜻한 방식을 취하자고 제안한 것이다.

이 주장은 듣는 사람의 입장에 따라 김빠지는 온건한 주장으로 들릴 수도, 공산주의 혁명을 방불케 하는 과격한 주장으로 들릴 수도 있다. 당시 일본의 자본가들은 후자였다. 노발대발한 이들은 이후 혁신 관료들이 사실상 일본 국가에 침투한 공산당의 앞잡이들이 아니냐는 의혹을 품게 되었다. 그런데 1940년 7월, 고노에 후미마로(近衛文麿) 2차 내각이 시작되자 이러한 혁신 관료들의 사상이 전면적으로 채택된 소위 '경제 신체제'가 강제되기 시작했다. 그러자 재계 인사들은 일제히 반발하여, 자신들의 사적 소유의 권리를 인정할 것을 요구하면서 이와 충돌했다. 요컨대 "영리사상의 배제는 반드시 기업을 위축시키고 생산을 감퇴시켜 국가의 조세 수입을 격감시킨다. 기업 경영의 목표가 국가 목적에 배치되지 않는 정당한 이윤에 있는 경우라면 어떠한 높은 이윤율도 국가로서는 오히려 장려해야 할 것이라고 믿는다"는 것이 그들의 주장이었다.

이러한 혁신 관료들과 재계의 충돌은 마침내 1942년의 '기획원 사건'을 빚고 말았다. 재계는 기획원에 공산당 등 "불온사상을 가진 자"들이 침투했다고 주장했고 결국 기획원 관료 여러 명이 체포되는 일까지 벌어졌다. 실로 요지경이었다. 국제 반공 진영의 최첨단인 일본 파시즘의 최심층에서 이념 논쟁이 벌어져 '빨갱이들'이 색출되다니. 그 요지경의 한가운데에 소유 제도가 있었다. 참으로 소유 제도는 수수께끼 같은 존재다.

5. 스웨덴의 기능적 사회주의

20세기의 사회주의 운동에는 수많은 조류가 있었지만, 국가 권력을 잡을 만큼 큰 규모에서 벌어진 것은 크게 사회민주주의와 공산주의라는 두 조류였다고 할 수 있다. 양자는 수많은 쟁점에서 상극으로 대립하며 실제 세상에서도 서로 총칼로 목숨을 빼앗기까지 하며 대립한 앙숙이었다. 하지만 이들은 마르크스주의라는 사상을 같은 뿌리로 공유했기에 의외로 공통점도 많다. 가장 대표적인 것은 '사회주의는 결국 국가 권력을 쟁취하여 자본가들의 사적 소유를 국유화함으로써 이루어진다'라는 생각이었다. 국유화를 점잖게 (또는 기만적으로) 선거와 토론 같은 방법을 택할 것이냐 아니면 죽창과 망치로 때려잡는 법을 쓸 것이냐, 그리고 사적 소유를 깡그리 없앨 것이냐 아니면 크고 중요한 산업 위주로할 것이냐 등에서는 다르지만, 어쨌든 '사적 소유를 국가 소유로'라는 것이 이들이 지향하는 사회주의의 기본 틀이라는 데는 변함이 없었다.

그런데 실제 사회주의 운동과 사상의 역사를 찬찬히 살펴보면 이러한 국가 소유에 크게 의존하지 않는 전통과 흐름이 존재했음을 알 수 있다. 크게 삼각형을 그려보면, 스웨덴 사회민주당을 기점으로 하여 영국의 콜 등이 지향한 '길드 사회주의' 같은 것도 있었고, 오스트리아 사회민주당의 오토 바우어Otto Bauer 등이 주창한 '기능적 민주주의'도 있었다. 이들은 사적 소유에 근거한 19세기식 시장자본주의와 공산주의자들이 지향한 국가 소유의 공산주의 경제 체제의 두 극단을 모두 배격하고, 사적 소유냐 공적 소유냐 하는 이분법을 넘어선 소유 체제를 마련하려고 노력했다. 이때 기본적인 생각은 이 장에서 계속 확인되고 있는 레너의 생각, 즉 소유는 구체적인 기능에 따라 다양한 방식으로 분류할 수 있다는 것과 궤를 같이한다.

오스트리아의 사회주의자들은 오스트리아 마르크스주의Austro-marxismus라는 독특한 전통을 가지고 있었는데, 레너도 그 주요한 구성원이었다.

나중에 이 두 조류는 우여곡절 속에서 구체적인 사회 체제로 가시화될 기회를 잡지 못했다. 하지만 스웨덴만은 전통적인 사회민주주의도 아니고 공산주의는 더더욱 아닌 독특한 사회민주주의 체제를 발전시켜 오늘에 이르고 있다. 소위 기능적 사회주의라고 불리는 것이 그것이다.

step-by-step, 양파 껍질 벗겨내듯

스웨덴의 사회민주주의자들은 이미 20세기 초부터 사회주의라는 것이 사적 소유를 국가 소유로 대체하는 식으로 생각할 문제가 아니라는 관점을 갖기 시작했다. 당시 가장 중요한 사회민주당 이론가였던 칼레비Nils Karleby(1892~1926)는 사적 소유와 국가 소유라는 이분법을 넘어서야 한다고 주장했다. 즉 소유란 기실 여러 개의 전혀 상관없는 사회적 권리들을 하나로 묶어놓은 것에 불과하다는 것이다. "공공 재산조차도 실제로는 정해진 규범에 따라 대상물을 마음대로 처분할 수 있는 개별적인 권리들로 이루어져 있다. 공무원들도……개인 소유자들이 하는 것처럼 일정한 규정에 따라 집단적으로 소유한 대상물을 처분한다……이런 관점에서 보면 '사적' 재산과 '공적' 재산 사이에는 원칙적으로 별다른 차이가 없다."

따라서 사회민주주의자들도 굳이 그 수많은 권리들의 묶음에 불과한 소유권이 개인에게 있느냐 국가에게 있느냐에 목숨을 걸 필요는 없다. 그 권리의 묶음 가운데 자본가 개인에게 귀속했다가는 사회적으로 너무 큰 문제를 일으킬 소지가 있는 것들은 하나둘씩 '사회화'하면 된다. 그러면 굳이 사적 소유를 철폐하느냐 마느냐 하며 난리법석을 피우지 않고도 효과적으로 자본주의의 횡포와 폐해를 제압할 수 있다는 것이다.

칼레비는 아직 젊은 삼십대에 요절했지만, 이러한 생각은 그의 뒤를 이어 스웨덴 사회민주당의 지도적 이론가가 되었으며 20세기 세계 사회주의 운동 사상 가장 뛰어난 이론가의 한사람이었다고 할 비그포르스Ernst Wigforss(1881~1977)에게서도 비슷하게 발견된다. 비그포르스는 이미 1920년대부터 영국과 유럽 전역에서 일어난 산업 기술 변화의 현실을 면밀하게 관찰하면서 19세기식의 고전적인 사적 소유 제도에 근간한 기업 운영 체제로는 이

러한 변화를 감당할 수 없다고 판단을 내렸다. 그는 대신 노동자들이 생산 과정과 기업 경영 의사 결정 과정에도 광범위하게 참여하는 '산업 민주주의'의 원칙에 따라 기업을 변화시켜야 한다고 생각했다. 또한 1930년대 이후 세계의 경제학뿐 아니라 각국 경제 정책의 운용에도 결정적인 영향을 끼친 영국의 경제학자 케인스John Maynard Keynes보다 훨씬 앞서서, 경제 공황의 국면에서는 국가의 적극적인 재정 및 통화 정책을 통해 총수요를 관리해야 한다는 생각과 구체적인 정책까지 제시했다.

　이러한 비그포르스의 이론적·정책적 혁신에 힘입어 스웨덴 사회민주당은 1932년 총선거에서 압승을 거두고 이후 자본과 보수측을 압도하는 정치권력을 지니게 되었다. 하지만 비그포르스나 다른 사회 민주당 지도자들은 이러한 큰 권력을 이용해 기업들을 '국유화'하는 것에 계속 회의적이거나 조심스러웠다. 비그포르스에 따르면, 이렇게 도매금으로 큰 기업들을 국유화한다고 해봐야 그것이 더 효율적인 기업 경영을 보장할지는 물론 거기서 일하는 노동자들에게 더 많은 자유와 능동성을 보장해줄지도 의문이라는 것이었다.

결국 2차 대전 이후 스웨덴에 안착한 사회민주주의 체제는 소유 제도가 사적이냐 공적이냐는 관점에서는 도저히 어느 쪽으로도 판단하기 힘든 제도를 가지게 되었다. 한 예로 20세기 내내 스웨덴의 유서 깊은 대자본가 가문이던 발렌베리Wallenberg 가족은 계속해서 스웨덴 최고의 독점 자본가 위치를 공고히 했다. 반면 그 대자본가들이 가지고 있는 여러 권리——임금을 결정할 권리, 투자의 양과 시점을 결정할 권리 등——는 하나씩 하나씩, 그야말로 '양파 껍질 벗겨내듯' 국가나 협동조합, 노동조합 등과 같은 다양한 사회 조직의 손으로 넘어가게 되었다. 이렇게 하여 언젠가 양파를 완전히 먹어치우자는 것이 바로 스웨덴 사회민주주의자들의 전략이었다.

오쿠무라 기와오의
〈변혁기 일본의 정치 경제〉

　전력국영(電力國營)이 갖는 중대 의의는 단지 전력 경제의 합리화·공익화에 관한 것만이 아니다. 그 외에 그것이 내포하는, 정치적으로 중대한 의의를 주시하지 않으면 안 된다.

　그 첫째는 소유와 경영의 분리를 정치적으로 재확인하고, 그 기초 위에서 정치 혁신의 자세를 가다듬어야 한다는 것이다……사회 경제의 발전은 결국 소유와 경영을 이와 같이 분리하고 말았다. 이 경제의 현실적 발전과 최근에 있어서의 정치 행정의 통제 지배력의 확대에 의하면 금후의 국영은 반드시 국유국영이 되어야 할 필요는 없는 것이다. 국가 관리의 소유와 경영의 분리는 가능하며 합리적인 것이다.

　민유국영(民有國營)이라는 새로운 방식은 이러한 사회적 배경에서 국책의 요구에 따라서 발안된 것이다. 이것에 의하면, 국유국영의 경우에서와 같은 공채의 증발을 요하지 않고, 확장 계획에 있어서 의회의 견제를 받지 않고, 경영 활동에 있어서 회계법의 제약을 받지 않고, 굳이 관리의 증원을 요하지 않고, 또 귀찮은 국가 보상의 문제도 발생하지 않는다.

　만약 민유국영인 전력국영의 새로운 방식이 그것의 합리성과 적절성을 일반적으로 인정받고, 국가의 경제 통제의 기본 방식이 되게 되면, 국가 통제는 급속히 발전하고 또 합리적으로 완수될 것이다. 지금까지는 소유하지 않으면 경영·관리할 수 없다고 하는 사상이 일반적이고, 정부가 소유권을 가지지 않고 민업(民業)을 관리 내지 통제하면 그것은 매우 부당한 민업 억압이라고 배격되었다. 사실 정부 당국도 그러한 생각에 지배되는 경향이 있어서 필요한 통제는 스스로 주식을 소유하는 특수 회사를 만들어 주주의 이름으로 이것을 행하는 것을 원칙으로 했던 것이다. 그러나 그것은 쓸데없이 정부의 부담을 증대시킬 뿐이고 그 효과도 매우 좋지 않은 것이었다. 민유국영이라는 세계에 선례가 없는 신통제 방식은 참으로 획기적인 기도다.

　그 둘째는, 위와 관련하여 이른바 소유권에 관한 근본 사상을 변혁시킨 것이다. 소유와 경영의 사회적 분리는 소유의 기초에 입각하지 않고 경영을 통제할 수 있는 기초 조건을 마련하는 것이며, 또한 동시에 소유에 대한 통제 강화가 이른바 경영 능률의 저하라고 하는 악영향을 초래하지 않는 것을 보장하는 것이다…….

━노구치 유키오,《여전히 전시체제하에 있는 일본의 경제 구조
(1940년 체제)》, 성재상 옮김(비봉출판사, 1996)에서 재인용

칼손의 〈기능적 사회주의론〉

……그러나 우리는 이러한 오래전부터의 꿈을 실현시키기 위한 새로운 방식을 찾지 않으면 안 되었다. 스웨덴의 사회민주주의 운동은 일찍이 혁명, 즉 생산 수단의 사회화를 수반한 낡은 정부의 폭력적 전복을 통해서는 이러한 목표를 달성할 수 없다는 것을 깨달았기 때문에 다른 방식을 강구해야만 했다.

그래서 선택한 방식을 한마디로 요약한다면 지금 내가 '기능적 사회주의'라고 부르려는 제도라 할 수 있다. 이 이름은 이전 세대의 가장 뛰어난 스웨덴 사회주의자들 중 한 사람이고 외무부 장관을 역임했으며 법학 교수였던 에스텐 운덴이 펼쳤던 소유권에 대한 법률 이론에 기초해서 만들어진 것이라고 할 수 있다.

우리는 기본적으로 생산 수단이 사적 소유로 되어 있느냐 공공 소유로 되어 있느냐를 기준으로 해서 자본주의적 혹은 사회주의적 경제 제도를 구별한다……법적인 관점에서 소유권은 소유자가 재산을 가지고 특정한 어떤 일을 하려고 할 때 명시적으로나 관습적으로 그것을 제약하는 법적 제한이 없다면 그것을 할 수 있다는 것을 의미한다. 이것은 자본주의 국가에서는 개인이 소유자로서 법적인 테두리 내에서 그가 소유한 것을 가지고 원하는 일을 할 수 있음을 의미한다. 반면 사회주의 국가에서는 국가가 소유자로서 생산 수단을 갖고 원하는 일은 무엇이든 할 수 있지만 개개인은 국가가 허용하는 것밖에 할 수 없다. 정치적 관점에서 이것은 아주 중요한 차이다. 그러나 이러한 규정을 논리적으로 검토해보면 경제적 관점에서는, 적어도 이론적으로는 자본주의 사회에서든 사회주의 사회에서든 개인의 권리가 거의 비슷하다고 할 수 있다. 예를 들어 사회주의 사회에서 공장 경영자들은 자본주의 사회의 회사 경영진과 거의 똑같은 활동과 결정권을 법적으로 보장받을 것이다. 역으로 자본주의의 경영진들도 사회주의의 법이 국가 소유 산업 경영자들에게 허용하지 않는 모든 것을 법적으로 제약받을 수 있다. 즉 개개인에게 돌아오는 실제적인 결과는 사회의 두 가지 유형 모두에서 똑같다고 할 수 있다……에스텐 운덴이 강조했던 것은 로마법의 법적 전통에 입각해서 소유권의 개념이 불가분의 개념이 아니라 오히려 정반대로 쉽게 나누어질 수 있는 서로 다른 소유권의 기능이 합쳐진 개념이라는 z였다. 즉 소유권(O)은 단순히 소유권이 아니라 여러 기능들(a, b, c 등)이다. 이것을 다른 식으로 표현하면 $O=a+b+c\cdots\cdots+n$이 된다. 이러한 추론 방식에 따르면 사회주의의 목표들을 달성하기 위해 전면적인 사회화를 추진할 필요가 없게 된다. 소유권의 기능 중 일부, 예를 들면 c를 제외한 a와 b를 사회화하는 것으로 충분하며 오히려 그것이 경제적으로 더 나을 수도 있다.

　이것을 예를 들어 증명해보자. 주택 소유자를 한 예로 들 수 있겠다. 무제한의 소유권을 보장하는 사회에서는 이러한 소유권은 무엇을 의미하는가? 이것이 의미하는 바를 열거하면 1. 소유자는 자신이 직접 그 집에서 사는 쪽을 선택할 수 있다, 2. 그는 그가 결정한 가격으로 세를 놓아 화폐 소득을 얻을 수 있다, 3. 그는 자신이 선택한 방식에 따라 집으로부터 생긴 소득을 처분할 수 있다, 4. 그는 집을 부수고 다시 지을 수 있다, 5. 그는 계약 기간이 끝나면 세입자를 내쫓을 수 있다, 6. 그는 집을 팔 수 있다, 7. 그는 좀 더 많은 이윤을 얻을 수 있는 외국으로 돈을 송금할 수 있다.

교조적인 공산주의자들이나 사회주의자들은 주택의 전면적인 사회화를 통해서 이러한 모든 기능이 한꺼번에 사회화되어야 한다고 주장한다. 스웨덴의 입법자들은 그렇게 하는 대신 소유권의 사회적 활용을 장려하기 위해 이러한 기능들 중 일부를 통제해왔다. 예를 들면 스웨덴에서 주택 소유자는 집을 세놓거나 스스로 그 집에 살 수 있다. 그러나 집세가 부분적으로 국가의 통제를 받기 때문에 그는 자신이 원하는 대로 집세를 매길 수가 없다. 그리고 그는 그 집의 소유로 생긴 이윤의 상당 부분을 국가에 세금으로 내야 하기 때문에 그 이윤을 마음대로 사용할 수 없게 된다. 이러한 세금은 교육이나 의료 서비스에 사용된다. 소유자는 그가 원한다고 마음대로 집을 부수고 다시 지을 수 없다. 그렇게 하려면 그는 허가를 얻어야만 하고 그 허가는 특별한 경우에만 난다. 예를 들어 새집이 기존의 도시 계획에서 설정한 유형에 적합한 경우를 들 수 있을 것이다. 스웨덴에서 주택 소유자는 계약이 끝났다고 해서 선량한 세입자를 내쫓을 수 없다. 왜냐하면 세입자도 주거의 안정성을 확보해야만 하기 때문이다. 소유자는 언제라도 시장에 집을 팔 수 있지만 판매로 얻어진 소득을 정부 기관의 허가 없이 외국으로 송금할 수는 없다……한마디로 우리는 소유권의 전면적인 사회화를 추진하는 대신 우리가 소유권이라고 부르는 기능의 총체 중 아주 중요한 기능 몇 가지를 선택적으로 사회화해왔다. 우리는 생산 수단의 소유자들이 그것들을 비사회적인 방식으로 사용하는 권리를 제한해왔다. 다양한 경제 부문에 따라 생산 수단의 중요성이 경제적으로 정치적으로 아주 다르기 때문에, 우리가 '기능적 사회주의화'라고 부르는 것도 경제 부문에 따라 매우 다르게 나타난다.

더욱이 이렇게 현실을 바라보는 방식의 중요한 특징 중 하나는 그렇게 많은 사람들이 열심히 바라고 있는 권력의 분립을 실현시켜준다는 것이다. 소유권이 불가분의 개념으로 간주되었을 때는 한 명의 소유자만을 상정할 수 있을 뿐이다. 하지만 소유권이 많은 기능으로 구성되어 있다고 간주되면 이것은 다른 주체들 또는 '부분적인' 소유자들에게로 나누어질 수 있다. 이렇게 되면 경제 분야에서의 세력 균형이 달성될 수 있고 엄청나게 집중되어 있는 권력을 남용하고자 하는 유혹을 방지할 수 있다. 기능적 사회주의 덕분에 우리는 사회 내의 커다란 분열을 피할 수 있었다. 우리는 비교조적인 사회주의자들이 일반적으로 받아들일 수 있는 방식으로 그것의 발전을 도모해왔고 동시에 사적 기업가들의 진취적 정신을 유지해올 수 있었다.

—칼손Gunnar Adler-Karlsson,《사회민주주의의 새로운 모색 : 스웨덴의 경우》
이병천 · 김주현 엮음(백산서당, 1993)에서 재인용

21세기, 새롭고도 해묵은 상황 전개

　이제 서론에서 생각해본 질문들을 다시 떠올릴 때다. 우리는 1장에서 현실의 들쭉날쭉한 '소유'의 의미를 헤아리기 위해서는 최소한 네 가지 요소, 즉 소유자, 소유 대상, 타인들과의 관계, 소유의 맥락을 제공하는 사회적 · 기술적 조건을 종합적으로 살펴야 한다는 것을 보았다. 그리고 이 네 가지 측면에서 보았을 때, 최소한 우리가 이 책에서 본 플라톤, 로크, 마르크스와 베블런, 일본 파시스트와 스웨덴 사회민주의자들이 생각하고 논의한 소유는 그 현실적 제도의 의미에서나 그들이 자신들의 이론에서 개념화한 바에 있어서나 도저히 동일한 것이라고 볼 수 없음을 확인했다. 그렇다면 서론에서 제기한 다음과 같은 질문은 이제 단순한 의심이 아니라 아주 심각한 질문으로 다가온다. '그렇게 계속 변해가는 소유 제도를 놓고, 사적 소유냐 공적 소유냐 하는 동일한 논쟁 구도로 몇 백 년 아니 몇 천 년간 똑같은 논쟁을 벌여왔다면 혹시 그 논쟁 구도 전체가 잘못된 것은 아닐까?

그런데 역사는 아이러니의 연속이다. 4장에서 보았듯 20세기 전반에 걸쳐서 도저히 유지할 수 없는 것이라고 비판되고 해체되었던 19세기식 배타적·사적 소유 개념은 21세기에 들어오면서 다시 도처에서 부활하는 듯하다. 그에 따라 이러한 배타적·사적 소유 개념에 철저하게 입각해서 경제와 정치, 나아가 사회 전반의 관계를 재편할 때 비로소 가장 효율적이면서도 훌륭한 사회가 오게 마련이라는 사상과 철학과 이론이 전 세계를 재편하는 것 같다. 몇 가지 두드러진 사례만 잠깐 살펴보자.

지적 재산권 : 지식이 과연 포괄적으로 사적 재산이 될 수 있는가는 실로 복잡한 문제다. 그런데 어느새 현대 세계의 경제 질서에서는, 지적 발명이나 혁신에 배타적인 소유권을 부여해서 그것을 사용하는 자들은 반드시 일정한 대가를 지불하게 해야 한다는 생각이 거의 규범으로 굳어진 것 같다. 그 주요한 논리는, 그러한 지적 창작물은 발명가·혁신가의 머릿속에서 나왔으므로 당연히 사적 소유의 대상이 되어야 하며, 그들에게 배타적 소유권의 보상을 해주지 않는다면 어느 누구도 그러한 발명이나 혁신에 매진할 유인을 갖지 못할 것이라는 데 근거한다. 이는 로크의 노동 가치론이나 벤담의 공리주의 철학의 논리를 그대로 따르고 있다.

하지만 이러한 주장은 결코 자명한 것으로 보이지 않는다. 먼저 그러한 지적 혁신이 과연 어느 만큼이나 그 '혁신가' 개인에게 귀속되어야 하는지를 어떻게 계산할 것인가라는 문제가 있다. 만약

2진법을 처음으로 쓰기 시작한 300년 전 수학자 라이프니츠 Gottfried W. von Leibniz의 후손들이 모든 컴퓨터 소프트웨어 업체에게 사용료를 요구하기 시작한다면? 이씨 조선의 황실 후손들이 모든 한글 사용자에게 '한 글자에 1원씩' 사용료를 요구한다면? 아인슈타인Albert Einstein은 그가 발견한 엄청난 진리들에 대해 일종의 재산권을 설정했던가? 그렇다면 아인슈타인의 발견에 근거해 이론을 전개한 물리학자는 과연 얼마만큼이나 자기 스스로 혁신을 이룬 것이고 얼마만큼이나 아인슈타인에게 빚지고 있는 걸까? 토지와 마찬가지로 지식도 한글이나 이진법 또는 상대성 이론처럼 '모두에게 공개된 영역'이 있게 마련이다. 그런데 누군가가 멋대로 여기에 울타리를 치고 자기 땅이라고 주장하며

사용을 제한한다면, 그로 인한 피해가 더 클 것인가 아니면 배타적 지적 재산권의 인정으로 인한 혁신의 부양이라는 편익이 더 클 것인가? 이렇게 복잡하고 어려운 쟁점들이 있음에도 '배타적인 지적 재산권'은 도처에서 확고한 법률로 자리 잡고 있다.

주주 자본주의 : 4장에서 보았듯 20세기 자본주의 국가 대부분에서 회사는 더 이상 주식 소유자들의 배타적인 재산이라 여겨지지 않았다. 20세기 기업의 소유권은 엄청난 규모와 회전 자금으로 인해, 숱한 이해 당사자——종업원들, 돈을 꾸어준 은행들, 경영자들, 그 기업이 자리한 지역 공동체와 국가 기관 등——가 모두 일정 정도 자신의 의사를 관철할 수 있는 여러 가지 권리의 묶음으로 나누어지는 것이 대세였다. 그런데 대략 1980년대 초에 미국을 시작으로 다시 기업 경영의 진정한 주인은 오로지 주주들이어야 한다는 생각이 나타나기 시작했고, 오늘날에는 그러한 생각이 소위 주주 가치shareholders's value에 의한 경영이라는 이름으로 '글로벌 스탠더드'처럼 전 세계를 지배하기 시작했다.

예컨대 우리나라에서 현재 담배와 인삼의 제조와 판매를 맡고 있는 KT&G 같은 기업은 원래 '한국담배인삼공사'를 전신으로 하며, 옛날 이름은 다름 아닌 '전매청'이었다. 즉 담배와 인삼 사업에 대한 전매권(專賣權)이라는, 국가의 법률에 의해 부여된 독특한 특권을 가지고 전 국민의 기관지와 폐와 심장을 상대로 성장한 기업이었다. 그런데 이 기업을 민영화하여 모든 경영상의 의사 결정이 주주들에 의해서만 결정되게 하면 무슨 일이 벌어질까. 혹시 누군가가 주식의 일정 부분을 매수하여 최대 주주로 떠올랐다고 해보자. 그는 자신의 권한을 이용해 지난 몇 십 년간 대한민국 국민이 키워놓은 KT&G를 마음대로 쪼개고 부수어 직원들의 대량 해고는 물론이고 돈이 되지 않는 사업 부서는 아예 없애버린 뒤 수익을 낳는 부분만 남겨서 비싼 값에 또 다른 외국인에게 팔아버릴지도 모르지 않는가. 그런데 그렇다 해도 이러한 모든 사태를 '주주의 신성불가침의 사적 소유를 인정해야 한다' 라는 원칙에 따라 허용해야 한다는 것이 주주 자본주의의 원리다.

투자자-국가 제소제 : 현재 우리나라가 미국과 진행하는 자유 무역 협정FTA에도 포함되어 있는 이 제도는, 국경을 넘나드는 초국적 투자 자본의 배타적인 사적 소유를 지구적 차원에서 보장하기 위한 1990년대 이후의 새로운 장치로서 악명(혹은 명성)을 떨쳐왔다. 제도의 골자인즉, 투자 협정이나 자유 무역 협정을 맺은 나라의 외국 투자자가 투자 대상국 국가의 법적·행정적 조치로 일정한 피해를 입게 되면, 그 투자자는 투자 대상 국가를 국제기구로 끌고 나가 피해 보상을 요구하는 분쟁을 벌일 수 있다는 것이다.

원래 외국에 큰돈을 투자하는 투자가들이라면 투자 대상국에 혁명이라도 벌어져서 자신의 재산을 하루아침에 새 혁명 정부에게 빼앗기는 악몽을 조금씩은 꾸게 마련이다. 하지만 이 투자자-국가 제소제는 그러한 수동적 의미에서의 투자자 보호가 아니다. 단순히 투자자의 재산이 물리적으로 침해당하는 경우만이 아니라, 투자자의 현금 수익에 상당한 피해가 올 때도 투자 대상 국가는 마땅히 그것을 보상할 것이라는 훨씬 적극적인 의미가 있다. 예를 들어 미국의 유명 택배 회사인 UPS는 캐나다 국가를 이 제도를 통해 국제 분쟁으로 끌고 나온 바 있다. 캐나다 정부가 캐나다 국가 소유의 택배 회사 퓨롤레이터Purolator에게 캐나다 우체국의 각종 서비스를 이용하게 허락하는 바람에 UPS가 상대적인 불이익을 당했다는 것이다. 따라서 당장 그 피해액을 보상하든가 퓨롤레이터가 우체국 시설을 사용하지 못하게 하라는 것이었다.

알쏭달쏭한 논리지만 어쨌든 UPS 기업의 현금 수익이라는 신성불가침의 배타적 권리를 지키기 위해 캐나다는 졸지에 택배라는 공공 서비스를 잃어버릴 위험에 처한 것이다.

지적 재산, 기업 경영, 국가의 법적 행정 조치 등의 문제는 아주 복잡하고 복합적이기 짝이 없는 수많은 사회적 관계와 측면들로 구성되어 있다. 그런데 이 세 가지 경우 모두에서 벌어지고 있는 일은, 소유 제도의 네 가지 상이한 구성 요소들을 하나하나 고려하는 대신 '배타적 사적 소유의 신성함'이라는 하나의 원칙만으로 상황을 풀어가고 있다는 것이다. 21세기 들어 이러한 경향이 다시 대두한 중요한 원인의 하나는 말할 것도 없이 공산주의 진영의 몰락으로 인한 이념적 공세의 강화일 것이다. 이 세상의 소유 제도란 절대적 사적 소유와 절대적 국가 소유 두 가지뿐이라고 생각하는 사람들에게 후자의 몰락은 바로 전자가 이 세계를 지배하는 철칙이 되어야 한다는 정당성을 입증하는 사건이 아닐 수 없다. 그래서 1980년대 미국과 영국에서부터 강해지기 시작한 사적 소유를 강조하는 경향은 1990년대 들어 승승장구의 기세로 전 세계를 점령해가기 시작했다.

20세기 초중반에는 이 절대적 사적 소유를 절대적 국가 소유로 대체하기만 하면 소유 제도로 인해 벌어지는 무수한 문제점이 모두 해결될 것이라는 생각이 팽배한 적이 있었고, 또 그러한 생각을 실천에 옮기려고 나선 이들이 대단히 단호하고 가혹한 조치를 취해가며 현실을 마구 헤집어놓기도 했다. 하지만 이 책에서 누누이 보았듯이 소유 제도란 그렇게 귀속 대상이 개인인가 사회 집단인가라는 양분법만으로 성격을 나누거나 규정할 수 있는 것이 아니다. 대상물의 성격에 따라, 타인들과의 관계에 따라, 사회적·기술적 조건에 따라 수없이 많은 다양한 형태를 취할 수밖에 없으며, 그래야 마땅한 제도다. 그러한 복잡한 전후 사정을 살피지 않고 절대적 국가 소유의 원칙 하나로 덤벼들었다가 무수한 비효율과 정치적 불평등, 심지어 계급적 착취라는 모순까지 나타난 것이 20세기 공산주의 혁명의 실험이라 하겠다. 역사의 여신은 정말로 얄궂다. 이제 그 정반대의 방향으로 똑같은 일이 일어나고 있는 듯 보이니 말이다. 21세기라는 새 세기에 소유 제도를 놓고 벌어질 드라마는 또다시 그렇게 '새롭고도 해묵은' 이야기가 될 것인가.

인간의 사유를 단순하게 만들면 그의 행태도 동물과 비슷한 수준으로 내려오기에 목장의 양떼처럼 이리저리 몰고 다니기가 편해진다. 그렇게 인간의 사유를 단순하게 만드는 가장 좋은 방법의 하나는, 다짜고짜 '이것이냐 저것이냐'라는 식으로 문제를 제기해 어떻게든 둘 중 하나를 선택하게 만드는 것이다. 우리는 지난 몇 천 년간 소유 제도를 놓고 '사적 소유냐 공적 소유냐' 하는 단순한 틀이 사유와 선택의 지평 전부인 것처럼 생각해야 했던 경우가 많았다. 그렇게 단순하게 사고한 결과로 20세기에 나타난 대규모 살육과 숙청 같은 비극을 반성한다면, 21세기에는 기필코 단순한 사고의 틀을 가지지 말아야 하리라.

단순한 사고의 틀을 벗어나야 할 이유가 또 하나 있다. 이 책의 구성이 의도한 바는, 2장에서 4장에 이르는 기간, 즉 18세기, 19세기, 20세기의 기간이 모두 1·2차 산업 혁명이라는 기술적 조건의 변화에 따라 소유 제도의 성격이 크게 변했다는 사실을 부각하는 데 있었다. 21세기에 들어선 지금은 인간 문명의 기술적 조건이 또 한번 크게 변하고 있어, 많은 이들이 '3차 산업 혁명'과 같은 말을 입에 올리고 있다. 이는 어쩌면 19세기 초와 20세기 중반 같은 거대한 규모의 사회적 조건의 변화가 임박했음을 암시하는지도 모른다. 그렇듯 거대한 도전 앞에서 준비해야 할 것은, 우리가 가진 여러 사회적 제도의 형식이 최대한 탄력적으로 상황과 조건의 변화에 적응할 수 있게 사회 체제와 사회사상을 열어놓는 일일 것이다. 이러한 도전의 성격을 알지 못하고 기존의 사회적 제도를 교조적으로 고집한 나라와 사회 들이 19세기 초와 20세기 중반에 어떤 파국과 비극을 겪었는지 익히 보지 않았는가.

소유 제도는 인간 사회를 구성하는 핵심 요소 중에서도 핵심인 제도다. 우리는 21세기의 지구적 변화라는 도전에 능동적으로 대처할 수 있는 사회를 구성하기 위해, 소유 제도에 대한 논의와 사고의 지평을 '사적 소유냐 공적 소유냐'라는 협소한 이분법에 갇

히지 않도록 풀어내어 그 숱한 문제들과 측면들을 풍부하게 생각할 수 있게 해야 하리라. '네 것이냐 내 것이냐 아니면 우리 것이냐'는 싸움은 꼬맹이 시절의 싸움으로 끝내는 것이 어떨까. 대신 '이 끝없이 펼쳐진 우주 속에서 사물들과 사람들은 얼마나 멀리까지 그리고 어떠한 종류의 관계의 그물로 엮여 있으며, 나와 너와 우리는 그 그물 어디쯤에 자리를 잡아야 할까' 라는 좀 더 성숙한 질문을 던질 때가 되지 않았을까. 그렇게 된다면 우리는 이 책의 쓰이지 않은 5장을 함께 써나가면서 새롭고도 새로운 21세기를 맞을 수 있을 것이다.

더 읽어볼 만한 책

소유 개념에 대해 다룬 책은 의외로 많지 않으며 한국어로 된 책은 더욱 찾기 힘들다. 책 본문에 발췌하여 실은 책 이외에 도움이 될 만한 책을 몇 권 더 소개한다.

 노직, 로버트, 《아나키에서 유토피아로》, 남경희 옮김(문학과지성사, 1997)

노직은 하버드 대학의 철학과 교수로, 사적 소유권을 사회 조직의 가장 기본 원칙으로 상정한 로크의 전통을 현대에 철학적으로 확고하게 부활시키는 작업을 한 것으로 유명하다. 1970년대 이후 배타적 사적 소유권의 확립을 주장하고 나선 영국과 미국의 신보수주의자들에게 중대한 사상적 기반을 제공한 책이다.

 맥퍼슨, C. B., 《홉스와 로크의 사회철학 : 소유적 개인주의의 정치이론》, 황경식 옮김(박영사, 2002)

정치 철학에서 소유 개념이 특히 근대 시민 사회의 사상적 형성 과정에 얼마나 중대한 역할을 했는가를 집중적으로 논의한 책으로, 정치학의 고전으로 자리를 잡았다. 저자는 인간을 기본적으로 자신의 사적 소유가 최우선인 탐욕스러운 개인으로 정의한 것이 근대 시민 사상의 근간이라는 마르크스주의적 관점을 개진하고 있다. 맥퍼슨의 또 다른 책 《자유민주주의에 희망은 있는가》(이상두 옮김, 범우사, 1982)에서는 민주주의의 발전과 진화를 위해서는 자유민주주의의 근간인 사적 소유의 개념을 근본적으로 재검토할 필요가 있다는 논지를 확인할 수 있다.

 베블런, 소스타인, 《유한계급론》, 김성균 옮김(우물이있는집, 2005)

베블런의 가장 잘 알려진 저서로, 20세기 초 미국 대자본가 계층의 소비문화를 분석한 것으로 유명하다. 하지만 그 외에도 책 전반에 걸쳐 소유 제도의 인류학적·역사적 기원에 대한 논의와 그 심리적·문화적 결과에 대한 번뜩이는 통찰을 읽을 수 있는 기회를 제공한다.

 헌트, E. K., 《소유의 역사》, 최완규 옮김(중원문화사, 1989)

이 책은 소유 개념을 다룬 책이라기보다는 경제사와 경제 사상사를 함께 다룬 입문서다. 하지만 번역본의 제목에서 드러나듯, 소유의 의미를 자본주의의 발생과 발전 과정에 연결해서 생각해볼 수 있게 하는 목적을 훌륭히 소화하고 있다.

 하야시 나오미치(林直道), 《사적 유물론과 소유이론》, 김현수 옮김(아침, 1989)

저자는 오사카 대학의 저명한 마르크스주의 경제학자로, 마르크스주의 역사 이론에서 소유권의 개념이 어떻게 이해되고 활용되고 있는지를 이론적ㆍ역사적으로 보여주는 한 모범을 이 책에서 보여준다.